日本語 기초會話

李 木 元 著

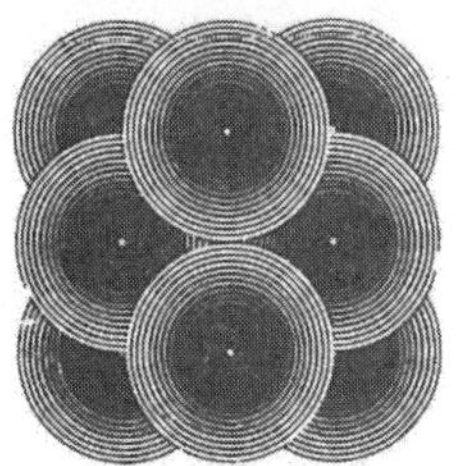

일신서적출판사

머 리 말

우리의 말과 글에 깊숙이 뿌리를 내린 한자(漢字)가 있지만 요 즈음은 주위에서 흔히 쓰이는 영어만큼이나 우리들의 눈에 낯설 지 않게 느껴지는 것이 일본어의 활자인 「히라가나(ひらがな)」와 「가따까나(カタカナ)」라고 할 만큼 일본어가 우리에게 밀착되어 있는 것을 쉽게 느낄 수 있다. 이것은 흔히 생각할 수 있는 국제 무역의 필요를 말하기에 앞서 눈앞에 보이는 일본인 관광객이나 조그만 상거래에서도 일본어 회화의 필요성은 쉽게 피부로 느낄 수가 있으며, 기타의 일반인들에게도 영어 다음가는 제2외국어 로 꼽혀지는 것에 이의를 갖지 않을 만큼 인식이 높아졌다.

일본어 역시 외국어라는 점은 마찬가지라고 하겠으나 어순 (語 順)이나 구성형태가 우리말과 비슷하기 때문에 다른 외국어 보다 는 말을 익히기가 조금은 쉽게 느껴지고 까다로운 점이 그다지 많 지 않은 것이 사실이다.

흔히 생각하기를 회화를 공부한다면 처음부터 당장 대화를 나 누고 그 대화가 계속 이어져야 한다고 생각하는 사람들이 많지만 일본어 회화가 다른 것보다 조금 쉽다고 해서 그렇게 가볍게 생 각하는 것은 금물이며 일본어도 외국어인 이상 진지하게 학습해 야 하며 교재의 선택이나 학습의 방법에 따라 엉뚱한 방향에서 방 황할 수도 있음을 명심해야 한다.

시간 낭비를 하지 않으려면 정확하게 기초를 익혀야 함은 물론 이며 책의 내용이 어떤 것에 학습의 중점을 두고 있는가를 알아 서 교재의 선택에서부터 학습방법까지를 결정해서 진행하는 것이 보다 효과적일 것이다.

　이 책은 초보자가 어떤 방법으로 쉽게 기초를 익히고　일본어 회화에 발을 들여놓을 수 있는가에 중점을 두고 보다　지름길을 안내하기에 힘썼고 그러기 위해서 우리말로 발음을 붙이기에　이르렀으나 미리 밝혀둘 것은 우리말의 「가, 까, 카」라든가 「다, 따, 타」따위에 정확히 맞아 떨어지는 일본어의 발음은 거의 없으므로 다만 어느쪽에 더 가까운가를 쉽게 구별할 수 있다면 거의　완벽한 발음을 알고 있다고 생각해도 무방할 것으로 믿는다.

□ 효과있는 학습법 □

―漢文만 잘 알면 쉽게 익혀지는 것일까? ―

한문을 많이 안다고 해서 일어를 쉽게 익힌다고 할 수는 없다. 영어에서도 동사와 형용사의 변화가 무엇보다 중요하듯이 일본어 회화 역시 마찬가지라고 생각하면 무난할 것이다. 한문을 사용하는 경우에도 우리와 비슷한 뜻으로 쓰이는 것도 많이 있지만 그렇지 않은 경우도 있으므로 어떻게 놓였을 때 어떻게 읽느냐가 중요하며 이것이 해결된다면 상당한 수준의 일본어 실력을 지녔다고 할 수 있을 것이다.

아무리 초보자라 하더라도 일본(日本)을 일어로 어떻게 발음하는지를 모르는 사람은 없다. 한글로 표기한다면「닙본(닙뽄)」, 일본어의 발음이 물론「にっぽん」이라는 것은 이미 아는 바와 같다. 그러나 똑같은「日〜」로 시작되는 단어지만 발음이「ㅎ」이나「ㄴ」으로 달라질 수도 있으며 더구나 같은「ㄴ」으로 발음되는 경우에도「日展(にってん : 닛뗸) ＝일본 미술전람회」이라든가, D 신문의 저 유명한 일장기 말살 사건을 생각하게 하는「日章旗(にっしょうき : 닛쇼〜끼) ＝일본의 국기」와 햇빛이나 지역 명칭에 함께 사용되는「(日光)にっこう : 닉꼬〜」와 같은 경우는 같은「ㄴ」의 발음이면서도 뒤에 놓여지는 글자에 따라서 "닛"또는 "닉"으로 달라짐을 쉽게 느낄 수 있다. 이것은 극히 일부분인 하나의 예를 보인것에 불과하지만 이같은 부류의 엇갈리기 쉬운 발음들이 상당히 많이 있음을 유의해야 한다.

특히 일본어를 처음 접해보는 독자라면 말을 익히기에 앞서 글자를 익혀야 하므로「히라가나(ひらがな)」및「가따까나(カタカ

ナ)」의 읽기와 쓰기를 몇번이고 되풀이 해서 연습하고 완전히 암기하는 것이 어렵다면 책에 쓰인 일본어를 구분해서 읽을 수 있을 때 까지만이라도 반복해서 학습을 계속해야만 쉬 운 회화라도 익힐 수 있음을 명심해야 한다.

다음으로는 우리말로 발음에 맞는 토를 달아 놓았지만 앞에서도 밝힌 바와 같이 우리말과 딱 맞아 떨어지는 발음 표기가 불가능한 부분도 많으므로 가능하면 거기에 얽매이지 말고 「히라가나」의 발음을 외워두었다가 활용에 힘쓰기 바란다.

끝으로 회화를 연습할 때 주의할 것은 활자화(活字化) 되었을 경우 말의 마디를 떼어놓듯이 필요한 부분에서 잠깐씩 말을 끊었다가 계속하는 경우인데 만약에 그런 것을 정확히 익혀두지 않았을 경우 "아버지가 방에 들어가십니다"를 "아버지 가방에 들어가십니다"처럼 바뀌는 것과 비슷한 일이 생길 수 있음을 명심해야 한다. 이 책에서는 가능하면 쉽게 일본어를 익힐 수 있도록 하기 위해 띄어쓰기를 했지만 일본인들은 일단 활자화시킬 때는 이것을 무시해 버리기 때문에 일체 띄어쓰기를 하지 않으므로 이점 유의하기 바란다. 충분한 발음연습이나 필요한 어귀를 익히고 거기에 익숙해지는 동안에 어느덧 판단력이 생겨 나중에는 띄어쓰기가 되어 있지 않는 문장일지라도 쉽게 구별할 수 있을 것이다.

□ や、ゆ、よ가 붙는 합성음 □

이것은 우리말에서 「ㄹ+ㅛ=료」가 되듯이 「아이우에오」의 2
번째 음절인 「자음」에 해당하는 き, し, ち, に, ひ, み, り따위
에 반모음의 や, ゆ, よ가 붙여지면 (이때는 작은 글자로 붙는다)
「きゃ (갸=kya)」, きゅ (규=kyu)」, 「きょ (교=kyo)」와 같이 변한
다. 이것은 탁음의 경우에도 마찬가지이며 언제나 한 음절로 읽
어야 한다.

□ 청음과 탁음의 차이 □

쉽게 말해서 かさたは 따위에 「"」표시나 「。」표가 붙지않는 글자가 청음에 해당하며 이와 반대로 이것들이 글자의 우측 위쪽에 붙여지면 탁음이 되어 콧소리와 비슷하게 발음한다.

즉, きと「키」에 가까우며 「ぎ」는 「기」에 가까운 발음이라는 것을 구분해서 외워둬야 한다. 다음으로 「は, ひ, ふ, へ, ほ」에 붙여져 된소리로 변하는 「。」표의 경우는 「ㅍ」 또는 「ㅃ」으로 발음을 바꿔준다. 예를들어 불란서의 「빠리」를 표기할 때 「パーリ」에서 「。」표가 없으면 "하리"가 되어버린다는 이치와 같다. ※「バ=바, パ=빠, 파」.

□ 五十音図의 보기 □

あ ア 아(a)	い イ 이(i)	う ウ 우(u)	え エ 에(e)	お オ 오(o)	〈上 : 히라가나〉 〈下 : 가따까나〉
か カ 가(ka)	き キ 기(ki)	く ク 구(ku)	け ケ 게(ke)	こ コ 고(ko)	
さ サ 사(sa)	し シ 시(si)	す ス 스(su)	せ セ 세(se)	そ ソ 소(so)	
た タ 다(ta)	ち チ 찌(chi)	つ ッ 쯔(tsu)	て テ 데(te)	と ト 도(to)	
な ナ 나(na)	に ニ 니(ni)	ぬ ヌ 누(nu)	ね ネ 네(ne)	の ノ 노(no)	

□ "ん"의 변화에 대하여 □

이 글자는 언제나 다른 글자의 뒤에 붙여져 받침으로 쓰일 뿐이며 글자의 앞머리에는 올 수가 없다. 이것은 분명히「ㄴ」, 즉「n」에 해당하는 발음이지만 뒤에 오는 글자에 따라「ㅇ, ㅁ」으로도 변한다.

예를들어「どんな(돈나)」와 같은 경우는「n」에 해당하지만「音楽の先生」는 "온가꾸노 센세이"가 아니라「옹가꾸노 센세이 ＝음악선생」가 되므로「ㅇ」으로 발음이 바뀐다.「ㅁ＝미음」, 즉「m」으로 바뀌는 경우는「カンパニー」에서 "칸파니"가 아니라 " 캄파니"로 변하는 경우이다. 뒤에 오는 글자에 따라 이처럼 다양하게 바뀐다.

は ハ 하(ha)	ひ ヒ 히(hi)	ふ フ 후(hu)	へ へ 헤(he)	ほ ホ 호(ho)
ま マ 마(ma)	み ミ 미(mi)	む ム 무(mu)	め メ 메(me)	も モ 모(mo)
や ヤ 야(ya)	い イ 이(i)	ゆ ユ 유(yu)	え エ 에(e)	よ ヨ 요(yo)
ら ラ 라(ra)	り リ 리(ri)	る ル 루(ru)	れ レ 레(re)	ろ ロ 로(ro)
わ ワ 와(wa)	い イ 이(i)	う ウ 우(u)	え エ 에(e)	を ヲ 오(o)
ん ン 응(n)				

제 1 장

수치, 시간, 날짜. 요일
＊숫자와 날짜의 중요성＊
□ 제 1장을 충분히 익히고 넘기자 □

1. 무시할 수 없는 생활속의 수치……………… 13
A. 숫자에 관련되는 회화를 익히자……………… 14

2. 시간과 약속…………………………………
A. 몇시에 일어납니까……………………………24

3. 「날짜·요일·날씨」를 말하자
□ 날짜, 요일, 날씨에 관한 기초회화 □
A. 오늘이 월요일 입니까 ……………………32

제 2 장

일상적으로 쓰이는 기초회화
＊평범한 생활용어 부터＊
□ 어떤 표현이 가장 많이 쓰이는 가를 먼저 생각해 보자□

1. 식　사

2. 서울의 교통

3. 쇼　핑

4. 열차여행

5. 관광안내

6. 취미생활

제 3 장

□ 여행에 관한 상식, 기타 여러가지의 현지 일본어 회화 □

1. 일본관광

□ 내용의 복습 및 검토 □

第 一 章

수치 (数値) · 시간 (時間) · 날짜 (日字) · 요일 (曜日)

✳ 숫자와 날짜의 중요성 ✳

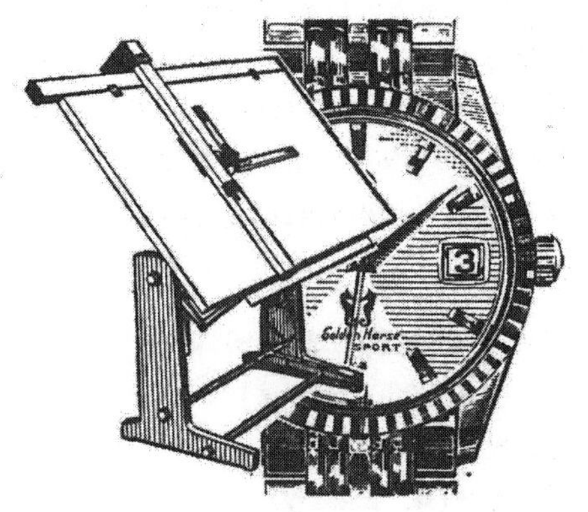

□ 第一章을 충분히 익히고 넘기자

1. 무시할 수 없는 生活속의 数値

　사람이면 누구나 단 하루라도 숫자를 떠나서는 살아갈 수가 없을 것이다. 그러므로 일본어를 배우려는 사람이라면「히라가나」를 익힌 다음에는 반드시 숫자에 관한 것들을 익혀두지 않으면 안된다. 숫자를 읽어보고 또 그것을 일본어로 써보는 것이 좋을 것이다.

A. 숫자에 관련되는 회화를 익히자

숫자와 관계되는 것이라면 우선 물건의 수량이나 지폐나 동전 따위를 세는 데서부터 쉽게 부딪칠 수 있다. 먼저 회화에 들어가기 전에「가따까나(カタカナ)」의 용법을 잠깐 살피고 넘겨야 할 필요가 있으므로 간략한 설명을 하겠다.

손쉽게 설명한다면「히라가나(ひらがな)」를 흘림체에 비유할 수 있고「가따까나(カタカナ)」를 정자체라고 할 수도 있겠으나 지금의 일본인들은 일반적인 평범한 표현에는「히라가나」를 쓰고 그밖의 외래어를 표기할 때나 어떤 것을 강조할 경우 또는 지명 따위에「가따까나(カタカナ)」를 사용하고 있다. 숫자의 경우에도 외래어일 때에는 역시「가따까나」로 쓴다.

□ 숫자의 단위 □

* 1 = 이찌, 히도쓰 (일, 또는 하나)
* 2 = 니, 후따쓰 (이, 또는 둘)
* 3 = 산, 밋쓰 (삼, 또는 셋)
* 4 = 시, 욧쓰 (사, 또는 넷)
* 5 = 고, 이쓰쓰 (오, 또는 다섯)
* 6 = 로꾸, 뭇쓰 (육, 또는 여섯)
* 7 = 시찌, 나나쓰 (칠, 또는 일곱)
* 8 = 하찌, 얏쓰 (팔, 또는 여덟)
* 9 = 규, 고꼬노쓰 (구, 또는 아홉)
* 10 = 쥬~, 도~ (십, 또는 열)
* 11 = 쥬~이찌 (십일, 또는 열 하나)
* 20 = 니쥬~ (이십, 또는 스물)
* 30 = 산쥬~ (삼십, 또는 서른)

* 40=욘쥬~, 시쥬~ (사십, 또는 마흔)
* 50=고쥬~ (오십, 또는 쉰)
* 60=로꾸쥬~ (육십, 또는 예순)
* 70=시찌쥬~, 나나쥬 (칠십, 또는 일흔)
* 80=하찌쥬~ (팔십, 또는 여든)
* 90=규쥬~ (구십, 또는 아흔)
* 100=햐꾸 (백)
* 101=햐꾸-이찌 (백 일, 또는 백 하나)
* 110=햐꾸-쥬~ (백 십, 또는 백 열)
* 200=니햐꾸 (이백)
* 300=삼뱌꾸 (삼백)
* 400=요햐꾸〈욘햐꾸〉(사백)
* 500=고햐꾸 (오백)
* 600=록뺘꾸 (육백)
* 700=나나햐꾸 (칠백)
* 800=합뺘꾸 (팔백)
* 900=규-햐꾸 (구백)
* 1,000=센 (천)
* 2,000=니센 (이천)
* 10,000=이찌만 (일만)
* 50,000=고만 (오만)
* 100,000=쥬~만 (십만)
* 1,000,000=햐꾸만 (백만)

□ 순서의 단위 □

* 第1 =다이 -이찌 (첫째 또는 첫번째)
* 第2 =다이 -니 (둘째)
* 第3 =다이 -산 (셋째)
* 第4 =다이 -시, 다이 -욘 (넷째)
* 第5 =다이 -고 (다섯째)
* 第6 =다이 -로꾸 (여섯째)
* 第7 =다이 -시찌, 다이 -나나 (일곱째)
* 第8 =다이 -하찌 (여덟째)
* 第9 =다이 -규 (아홉째)
* 第10 =다이 -쥬～ (열째, 또는 열번째)
* 第11 =다이 -쥬-이찌 (열 한번째)
* 第20 =다이 -니쥬～ (스무번째)
* 第30 =다이 -산쥬～ (서른번째)
* 第40 =다 이 -욘쥬～ (마흔번째)
* 第50 =다이 -고쥬～ (쉬흔번째)
* 第60 =다이 -로꾸쥬～ (예순번째)
* 第70 =다이 -시찌쥬～, 다이 -나나쥬 (일흔번째)
* 第80 =다이 -하찌쥬～ (여든번째)
* 第90 =다이 -규～쥬～ (아흔번째)
* 第100 =다이 -햐꾸 (백번째)
* いくつ =이꾸쓰 (몇 개, 몇 살, 몇)
* いくら =이꾸라 (얼마, 어느정도)
* 少し =스꼬시 (조금, 약간)
* たくさん =닥상 (많은, 많이)

* いくつか＝이꾸쓰까（얼마인가？）
* いくらですか＝이꾸라데스까（얼마입니까？）
* 何本＝난본（몇 자루）
* 何枚＝난마이（몇 장）
* 10びん＝쥬～빈（열 병）

□ 숫자에 관계되는 기초회화 □

① ボールペンは 何本お持ちですか。

② 赤い色のは 何本お持ちですか。

③ 1,000円さつは 何枚が 欲いですか。

④ この 本は いくらですか。

⑤ ここに 白い 紙が 3枚 あります。

⑥ 机の 上に 花瓶が あります。 花瓶の 中には
花が いくつ ありますか。

⑦ 桃色の 花が 七つ あります。

⑧ 机の 前に かごが あります。その かごの 中には
黄色の バナナが いくつ ありますか。

⑨ それは ちがいます。もう 一度 かぞえてごらんな
さい。

⑩ ソファ の 上に 婦人雑誌が たくさん あります。

⑪ ちいさい 箱が いくつ ありますか。

⑫ これを いくつ 買いましょうか。

내용해석 및 발음

① 볼펜은 몇 자루나 가지고 계십니까?
(보루뺀와 남뽄 오못찌데스까)

② 빨간색으로 된 것은 몇 개나 갖고 계십니까?
(아까이 이로노와 남뽄 오못찌데스까)

③ 천 원짜리는 몇 장이 좋겠읍니까?
(생엔사쓰와 난마이가 호시이데스까)

④ 이 책은 얼마입니까?
(고노 홍와 이꾸라데스까)

⑤ 여기에 흰 종이가 3장 있읍니다.
(고꼬니 시로이 가미가 삼마이 아리마스)

⑥ 책상 위에 화병이 있읍니다. 화병 속에는 꽃이 몇 송이 있
읍니까?
(쓰꾸에노 우에니 가빙가 아리마스. 가빈노 나까니와 하나가 이꾸
쓰 아리마스까)

⑦ 분홍색 꽃이 일곱개 있읍니다.
(모모이로노 하나가 나나쓰 아리마스)

⑧ 책상 앞에 바구니가 있읍니다. 그 바구니 안에는 노란색
바나나가 몇 개 있읍니까?
(쓰꾸에노 마에니 가고가 아리마스. 소노 가고노 나까니와 기이로
노 바나나가 이꾸쓰 아리마스까)

⑨ 그것은 틀립니다. 한 번 더 세어보십시오.
(소레와 찌가이마스. 모~이찌도 가조에떼 고란나사이)

⑩ 쏘파 위에 부인잡지가 많이 있읍니다.
(소파노 우에니 후진잣씨가 닥상 아리마스)

⑪ 작은 상자가 몇 개 있읍니까?
(찌이사이 하꼬가 이꾸쓰 아리마스까)

⑫ 이것을 몇 개 살까요?
(고레오 이꾸쓰 가이마쇼~까)

⑬ あなたは 今 何を 買いましたか。

⑭ ねずみ色の 万年筆を 一本 買いました。

⑮ 鉛筆は 何本 お持ちですか。

⑯ いろいろの 鉛筆を 100本 持っています。

⑰ たばこの ケースの 中には たばこが いくつ あり
ますか。

⑱ その 本は いくらですか。

⑲ これは 800円です。

⑳ それは 5ドル 75セントです。

㉑ これを ふたつ 下さい。

㉒ その 駅は いくつめですか。

㉓ それは 全部で ちょうど 1,000円です。

㉔ 300円と 200円で 500円に なります。

㉕ 1000円さつ一枚と 100円さつ一枚で いくらに な
りますか。

◎ 숫자에 관계되는 낱말들 ◎

＊ 二つ (후다쓰)：2개
＊ 30箱 (산쥬하꼬)：30상자, 30갑
＊ いくつ (이꾸쓰)：얼마나, (몇개)
＊ いくら (이꾸라)：얼마 (값)

⑬ 당신은 지금 무엇을 사셨읍니까?
  (아나따와 이마 나니오 가이마시다까)

⑭ 회색 만년필을 한 자루 샀읍니다.
  (네즈미이로노 만넹히쓰오 입뽄 가이마시다)

⑮ 연필은 몇 자루 가지고 계십니까?
  (엠삐쓰와 남뽄 오못찌데스까)

⑯ 여러 가지 연필을 100자루 갖고 있읍니다.
  (이로이로노 엠삐쓰오 햡뽄 못떼이마스)

⑰ 담배 케이스 속에는 담배가 몇 개비 있읍니까?
  (다바꼬노 케스노 나까니와 다바꼬가 이꾸쓰 아리마스까)

⑱ 그 책은 얼마입니까?
  (소노 홍와 이꾸라데스까)

⑲ 이것은 8백엔 입니다.
  (고레와 합빠꾸엔데스)

⑳ 그것은 5달러 75센트 입니다.
  (소레와 고도루 나나쥬~고센또데스)

㉑ 이것을 두 개 주십시오.
  (고레오 후다쓰 구다사이)

㉒ 그 역은 몇 번째 입니까?
  (소노 에끼와 이꾸쓰메데스까)

㉓ 그것은 모두 꼭 1천엔 입니다.
  (소레와 젬부데 죠~도 셍엔데스)

㉔ 300엔과 200엔으로 500엔이 됩니다.
  (삼뱌꾸엔 또 니햐꾸엔 데 고햐꾸엔니 나리마스)

㉕ 천엔짜리 1장과 백엔짜리 1장으로 얼마가 됩니까?
  (셍엥사쓰 이찌마이 또 햐꾸엥사쓰 이찌마이데 이꾸라니 나리마스
  까)

● 발음연구 ●

우리말은 긴 소리나 짧은 소리, 된 소리나 약한 소리를 막론하고 글자나 말이 늘어나는 경우가 없지만 일본어에서는 우리말의 「갸」에 해당하는 소리를 적으려면「きゃ」로 이루어 지며 「쟈」와 같은 경우는「し(시)」에「〃」을 붙여「じ(지)」로 만들고 거기에「や(야)」를 조그 맣게 붙여서「じゃ(쟈)」로 읽는 것이다.

이것을「요음= 요~옹(ようおん)」이라고 하는데 어쨌든「ャ」「ュ」「ョ」에 해당하는 발음이 만들어지는 경우에는 언제나 머릿글자의 옆에 반드시「や、ゅ、よ」가 붙여져야 한다는 것을 꼭 기억해야 한다.

다음으로 유의할 것은 우리말의 비음(콧소리)에 해당하는「탁음=다꾸옹(だくおん)」을 주의깊게 봐야 한다. 즉, 글자의 상단 우측에「〃」또는「。」표시가 덧붙여져서 맑은 소리가 아닌 콧소리가 섞인 발음으로 변하는 것이다. 한가지 구분해야 할 것은「〃」표시는「ㄱ, ㄷ,」에 해당하는 발음에 붙여지는 경우와는 달리「ㅅ」에 붙이면「ㅈ」으로「ㅎ」에 붙이면「ㅂ」으로 변하는 것에 유의하기 바란다.「。」표시는 다른 곳에는 쓰이지 않고 반드시「ㅎ」에 해당하는 발음을「ㅍ」이나「ㅃ」으로 바꾸는 데에만 쓰이므로 가령「빠리」를 제대로 표기하려면「は」+「。」=ぱ(빠)가 되기 때문에 외래어인만큼 이것을「가따까나(カタカナ)」로 바꾸어『パーリ(빠리)』로 표기해야 옳다. 그리고 앞에서도 밝힌 바 있지만「つ(ッ)」의 발음을 어떤 일어 책에서는「쓰」로 표기하고 또어떤 것들은「쯔」로 적어놓은 것도 많지만 사실은「쓰」도 아니고「쯔」도 아니면서 그 중간음에서 약간「쓰」에 가까운 것이라고 생

각하면 무난할 것이다. 또 낱말과 낱말을 연결해서 문장이 이루어질 때 연음법에 따라 발음이 변하기도 하는데 어떤 것은 아예 받침의 발음을 없애기도 한다.

예를 들어서 「하얀 종이가 4장 있읍니다」라고 할 때 『白い 紙が 四枚 あります。(시로이 가미가 요마이 아리마스)』로 발음하지 「욘마이」라고는 하지 않는다. 그리고 탁음의 경우「紙が(가미가)」, 「ねこが(네꼬가)」 등으로 발음을 표기하지만 「が(가)」 를 발음할 때는 그 앞에 「ㅇ」이 붙여져서 콧소리가 나와야 한다는 것을 항상 염두에 두어야 한다. 한글로는 이것의 정확한 발음을 표기할 수는 없으나 「が」는 「ㅇ+ㄱ」라고 생각할 수 있으므로 먼저 「紙が」를 발음할 때 『가밍아』에 가까운 소리로 발음하면 무난하다고 볼 수 있다. 몇번이고 반복해서 「が」의 발음을 연습하자.

2. 시간과 약속

　현대인이면 누구나 시간을 초월해서는 살아갈 수가 없다. 타이밍도 필요하고 모든 일에는 시작과 끝이 있어야 하기 때문이다. 우선 자기가 몇시에 일어나고 몇시에 잠자리에 드는 지를 일본어로 연습하고 다음에는 약속시간 따위를 말해보자.

□ 시간에 관한 기초회화 □

A. 몇시에 일어납니까?

① 時計を お持ていますか。

② 私の 時計は 遅れています。

③ 今 何時でしょうか。

④ あなたは 何時に 食べますか。きょうは 少し おそいじゃないか。

⑤ 七時半に 朝食を とりたいのですが。

⑥ あなたの 時計では 今 何時ですか。

⑦ ちょうど 6時ですね。

⑧ 私の 時計は 2分くらい 遅れていますから 7時でしょう。

⑨ 3時 10分 過ぎです。

⑩ あそこに 大きな 時計が ありますね。今は 午後 3時40分です。

⑪ きょうは 何時に おきましたか。

내용해석 및 발음

① 시계를 가지고 계십니까?
   (도께이오 오못떼이마스까)
② 제 시계는 늦습니다.
   (와따시노 도께이와 오꾸레떼이마스)
③ 지금 몇시일까요?
   (이마 난지데쇼~까)

④ 당신은 몇시에 식사하십니까, 오늘은 좀 늦지않습니까?
   (아나따와 난지니 다베마스까, 교~와 스꼬시 오소이쟈나이까)
⑤ 일곱시 반에 아침을 들었으면 합니다만.
   (시찌지 한니 아사메시오 도리따이노데스가)
⑥ 당신의 시계로는 지금 몇시입니까?
   (아나따노 도께이데와 이마 난지데스까)

⑦ 꼭 6시로군요.
   (죠~도 로꾸지데스네)
⑧ 제 시계는 2분 정도 늦으니까 7시이겠지요.
   (와따시노 도께이와 니훈 구라이 오꾸레떼이마스까라 시찌지 데쇼
   ~)
⑨ 3시 10분 지났읍니다.
   (산지 집뿐 스기 데스)

⑩ 저쪽에 커다란 시계가 있네요. 지금은 오후 3시 40분
   입니다.
   (아소꼬니 오~끼나 도께이가 아리마스네, 이마와 고고 산지 욘집뿐
   데스)
⑪ 오늘은 몇시에 일어나셨읍니까?
   (교~와 난지니 오끼마시다까)

⑫ あなたは　毎朝.何時に　起きますか。

⑬ その　レストランで　何時に　席から　立ちましたか。

⑭ 私は　何時も　よいですから　まず　せいかく（正確）
な　時間を　話して下さい。

⑮ 子供を　連れて　3時まで　来て下さい。

⑯ 南怡島までは　何時間くらい　かかりますか。

⑰ ここから　ソウル駅まで　地下鉄で　どのくらい　か
かりますか。

⑱ あなたの　乗る　汽車は　8時15分に　ソウル駅を　出
ます。

⑲ 木村さんは　何時に　ソウルへ　とうちゃく（到着）
しましたか。

⑳ やくそく（約束）じかんは　午後　何時ですか。

㉑ あしたの朝　7時に.来られますか。

㉒ 何時でも　電話して下さい。6時半以後でしたら
いつも　結構で　ございます。

⑫ 당신은 매일 아침 몇시에 일어나십니까?
(아나따와 마이아사 난지니 오끼마스까)

⑬ 그 레스토랑에서 몇시에 자리를 뜨셨읍니까?
(소노 레스토란데 난지니 세끼까라 다찌마시다까)

⑭ 나는 아무 때라도 좋으니 먼저 정확한 시간을 말씀해 주
십시오.
(와따시와 난지모 요이데스까라 마즈 세이가꾸나 지깡오 하나시떼
구다사이)

⑮ 아이를 데리고 3시까지 와 주십시오.
(고도모오 쓰레떼 산지마데 기떼 구다사이)

⑯ 남이섬까지는 몇시간 정도나 걸립니까?
(나미시마 마데와 난지깐구라이 가까리마스까)

⑰ 여기에서 서울역까지 지하철로 어느 정도 걸립니까?
(고꼬까라 서울에끼마데 지까데쓰데 도노구라이 가까리마스까)

⑱ 당신이 타는 기차는 8시 15분에 서울역을 떠납니다.
(아나따노 노루 기샤와 하찌지 쥬~고훈니 서울에끼오 데마스)

⑲ 기무라씨는 몇시에 서울에 도착했읍니까?
(기무라상와 난지니 서울에 도~쨔꾸시마시다까)

⑳ 약속 시간은 오후 몇시입니까?
(야꾸소꾸 지깡와 고고 난지데스까)

㉑ 내일 아침 7시에 오실 수 있겠어요?
(아시다노 아사 시찌지 니 구라레마스까)

㉒ 아무 때라도 전화해 주십시오. 6시 반 이후라면 언제든
좋습니다.
(난지데모 뎅와시떼 구다사이. 로꾸지 한 이고 데시따라 이쓰모 겍
꼬떼 고자이마스)

㉓ ここから 龍山驛までは 4～5分 かかりましょう
か.
㉔ あすの朝 6時まで くうこう(空港)へ 車で お迎
えに 行きましょう.
㉕ 電話してくたさって ありがとうございます. では,
何時に 会いましょうか.

◎ 낱말 및 발음 ◎

＊ **何時間ぐらい**(난지깐구라이)：몇 시간쯤
＊ **1週間**(잇슈깐)：일주간
＊ **1月1日**(이찌 가쓰 쓰이다찌)：1월 1일
＊ **11月14日**(쥬～아찌 가쓰 쥬～요니찌)：11월 14일
＊ **4，5日後**(시고니찌－고)：4～5일 후　＊ **きょう**(교～)：오
늘　＊ **きのう**(기노～)：어제　＊ **あした**(아시다)：내일　＊ **おと**
とい(오도도이)：엊그제　＊ **あさって**(아삿데)：모래　＊ **今週**(곤
슈～)：이번주　＊ **先週**(센슈～)：지난주　＊ **来週**(라이슈～)：다
음주　＊ **毎週**(마이슈～)：매주　＊ **今月**(공게쓰)：이달　＊ **今年**
(고도시)：금년
＊ **夕方**(유～가따)：저녁　＊ **今**(이마)：지금　＊ **午前**(고젠)：오
전
＊ **2時45分**(니지－욘쥬－고훈)：2시 45분
＊ **後で**(아도데)：다음에, 뒤에

㉓ 여기서 용산역까지는 4〜5분 걸릴까요?
(고꼬까라 용산에끼마데와 시고훈 가까리마쇼〜까)

㉔ 내일 아침 6시 까지 공항에 차로 마중나가지요.
(아스노 아사 로꾸지마데 구〜꼬〜에 구루마데 오무까에니 이끼마쇼〜)

㉕ 전화해 주셔서 감사합니다. 그럼 몇시에 뵈올까요?
(뎅와시떼 구다삿떼 아리가또〜고자이마스. 데와 난지니 아이마쇼〜까)

● 발음 연구 ●

시간을 말할 때 일반적으로는 대개가 몇시 몇분이라고 말한다. 초(秒)를 말할 때는 「1秒(이찌뵤~)」, 「2秒(니뵤~)」, 「3秒(삼뵤~, 또는 산뵤)」라든가, 시간을 말한다면 「1時間(이찌지깐)」, 「2時間(니지깐)」, 「3時間(산지깐)」이라는 식으로 변함이 없지만 몇「분(分)」을 말할 때는 「1分(입뿐)」, 「2分(니훈)」, 「3分(삼뿐, 또는 산뿐)」……과 같이 앞에 놓이는 숫자에 따라 分의 발음을 달리하는 데에 주의해야 한다.

특히 「4~5分」을 말할 때 「욘고뿐」이나 「시고뿡」으로 발음해서는 안되며 반드시 『시고훈(4~5分)』으로 발음해야 한다. 「15分」도 역시 「쥬고분」이 아니고 『쥬~고훈』이라고 해야 옳다. 「2時 15分前」은 『니지-쥬~고훈 마에』로 발음한다.

　～ですが를 편의상 「가」로 해서 「～데스가」로 기록하고 발음을 할 때는 「데승아」에 가까운 소리를 내듯이 회화 ⑩번에서의 「午後 3時40分です」를 역시 「고고 산지 욘집뿐데스」로 발음을 붙였으나 「고고」가 아닌 「공오」처럼 발음해야 한다. 만약 「ㄱ」의 발음을 그대로 살려서 마치 "Go-Go"식으로 발음하면 말하는 쪽이나 듣는 사람 모두가 어색할 것이다.

　탁음과 탁음이 아닌 것을 다시 한번 살펴보기로 하자. 어떤 경우이든 「で」일 경우에는 「데」라고 발음하면 무난하지만 회화 ⑭번의 「時間を 話して下さい(지깡오 하나시떼 구다사이)」와 같은 내용일 때 과연 "하나시떼"가 맞는 발음인지 의문을 가질 것이다. 이 때의 「て」는 「데, 메, 테」중 어느 것도 아니고 「떼」와 「테」의 중간음을 맑게 소리내는 것이라고 생각하면 좋을 것이다.

3.「날짜·요일·날씨」를 말하자

□ 날짜·요일·날씨에 관한 기초회화 □

A. 오늘이 월요일입니까?

① きょうは なんにち(何日) ですか.

② 1980年 3月4日です.

③ きょう(今日)は ぼく(僕)の たんじょうび(誕生日)だ.

④ でんき(天氣)が よくなって きましたね.

⑤ きも(氣持)ちの いい あさ(朝)ですね.

⑥ きょうは 何曜日ですか.

⑦ きょうは 月曜日ですか, 火曜日ですか.

⑧ きのうは 金曜日ですから 今日は 土曜日です.

⑨ 次の 木曜日に ソウルまで 行きたいのだが.

⑩ 水曜日, 東京行きの こうくうびん(航空便)の 予約を さいかくにん(再確認)したいのですが.

⑪ 日曜日の 午前の サンフランシスコ行きの 飛行機の 座席を 予約できますか.

⑫ 来週の 月曜日に 東京行きの 飛行機が ありますか.

＊내용해석 및 발음＊

① 오늘이 며칠입니까?
   (교~와 난니찌 데스까)
② 1980年 3月 4日 입니다.
   (셍 규햐꾸 하찌쥬넨 상가쓰 욕까데스)
③ 오늘은 내 생일이야.
   (교~와 보꾸노 단죠~비다)
④ 날씨가 좋아지는군요.
   (뎅끼가 요꾸낫떼 기마시다네)
⑤ 상쾌한 아침이군요.
   (기모찌노 이이 아사데스네)
⑥ 오늘은 무슨 요일인가요?
   (교~와 난요비 데스까)
⑦ 오늘은 월요일입니까, 화요일입니까?
   (교~와 게쓰요비데스까, 가요비데스까)
⑧ 어젠 금요일이었으니까 오늘은 토요일입니다.
   (기노~와 긴요비데스까라 교~와 도요비 데스)
⑨ 다음 목요일에 서울까지 갔으면 합니다만.
   (쓰기노 모꾸요비니 서울마데 유끼따이노다가)
⑩ 수요일 도~꾜행 항공편 예약을 재확인하고 싶은데요.
   (스이요~비 도~꾜 유끼노 고~꾸~빈노 요야꾸오 사이까꾸닌 시
   따이노 데스가)
⑪ 일요일 오전에 샌프란시스코로 가는 비행기의 좌석을 예
   약할 수 있읍니까?
   (니찌요비노 고젠노 산후란시스꼬 유끼노 히고~끼노 자세끼오 요
   야꾸 데끼마스까)
⑫ 내주 월요일에 도~꾜로 가는 비행기가 있읍니까?
   (라이슈노 게쓰요비 니 도~꾜 유끼노 히고~끼가 아리마스까)

⑬ 今週に ゆき(雪)が 降るでしょうか.

⑭ きょうは 寒いですね.

⑮ いいえ, 私は 涼しいと 思います.

⑯ 昨年は 暑いでした.

⑰ 雨が 降りそうですね.

⑱ 今日は 惡いお天氣ですね.

⑲ 風が 強くなりそうです.

⑳ きのうは よいお天氣でしたか.

㉑ きょうの 空模様は どうですか.

㉒ きょうは よいお天氣ですね.

㉓ そら(空)を 見て 下さい. 晴です.

㉔ 東京では あまり 雪が 降りません.

㉕ あしだの 天氣予報は どうですか. ラジオでは きょうは 曇るそうです. この 2〜3日 あいだはよい天氣が 續きました.

⑬ 이번 주에 눈이 내릴까요?
(곤슈~니 유끼가 후루데쇼~까)

⑭ 오늘은 춥군요.
(교~와 사무이 데스네)

⑮ 아니오, 난 시원하다고 생각합니다.
(이이에, 와따시와 스쯔시이또 오모이마스)

⑯ 작년엔 더웠읍니다.
(사꾸넹와 아쯔이데시다)

⑰ 비가 오는 것 같군요.
(아메가 후리소~데스 네)

⑱ 오늘은 좋지 않은 날씨군요.
(교~와 와루이 오뎅끼데스 네)

⑲ 바람이 심해질 것 같습니다.
(가제가 쓰요꾸 나리소~데스)

⑳ 어제는 좋은 날씨였읍니까?
(기노~와 요이 오뎅끼 데시다까)

㉑ 오늘 날씨는 어떻습니까?
(교~노 소라모요~와 도~데스까)

㉒ 오늘은 좋은 날씨로군요.
(교~와 요이 오뎅끼 데스네)

㉓ 하늘을 보십시오. 쾌청합니다.
(소라오 미떼 구다사이 하레 데스)

㉔ 도~꾜에는 그다지 눈이 내리지 않습니다.
(도~꾜데와 아마리 유끼가 후리마셍)

㉕ 내일의 일기예보는 어떻습니까? 라디오에선 오늘은 흐릴
거랍니다. 2~3일 동안 좋은 날씨가 계속 되었었죠.
(아시다노 뎅끼요호~와 도~데스까. 라지오데와 교~와 구모루소
오 데스. 고노 니~산니찌 아이다와 요이 뎅끼가 쓰즈끼 마시다)

◎ 날씨에 관계되는 낱말들 ◎

＊ 1月，2月，3月 (이찌가쓰, 니가쓰, 상가쓰)

＊ 月曜日 (겟쓰요～비) : 월요일　＊ 火曜日 (가요～비) : 화요일

＊ 水曜日 (스이요～비) : 수요일　＊ 木曜日 (모꾸요～비) : 목요일

＊ 金曜日 (긴요～비) : 금요일　＊ 土曜日 (도요～비) : 토요일

＊ 日曜日 (니찌요～비) : 일요일

＊春(하루)：봄　＊夏(나쓰)：여름　＊秋(아끼)：가을　＊冬(후유)：겨울　＊雨が降時(아메가 후루도끼)：비가 올때　＊寒い(사무이)：춥다　＊風が～(가제가～)：바람이　＊雪(유끼)：눈　＊雲(구모)：구름　＊晴(하레)：맑음　＊曇(구모리)：흐림　＊涼しい(스즈시이)：시원한　＊暖かい(아다다까이)：따뜻한　＊暑い天気(아쓰이 뎅끼)：더운날씨　＊雪が降そうね(유끼가 후리소～네)：눈이 내릴것 같군요.

＊まもなく雪が降るでしょう。(마모나꾸 유끼가 후루데쇼～)：곧 눈이 내릴것 같습니다.

＊天気予報に よれば、(뎅끼요호～니 요레바)：일기예보에 의하면,
＊馬山では あまり雪が降りません。(마산데와 아마리 유끼가 후리마셍)：마산에는 별로 눈이 내리지 않습니다.

＊きょうは 寒いですから～。(교와 사무이데스까라)：오늘은 추우니까～. ＊かぜ薬(가제구스리)：감기약　＊あたまが いたいんですが(아다마가 이따인데승아)：머리가 아픔니다만. ＊悪い天気(와루이 뎅끼)：좋지않은 날씨. ＊どこが 悪いんですか。(도꼬가 와루인데스까)：어디가 불편하십니까? ＊腹痛(후꾸쓰우), はらいたみ(하라이따미)：복통, 배앓이 ＊消化不良(쇼～까 후리요～＝しょうかふりよう)：소화불량 ＊ハライタ(하라이따)：배탈
＊医者(이 시, 이 샤)：의사 ＊薬屋(구스리야)：약방. ＊薬局(약교꾸＝やっきょく)：약국 ＊くび(구비)：목 ＊頭(아다마＝あたま)：머리 ＊はな(하나)：코 ＊くち(구찌)：입　＊した(시따＝舌)：혀 ＊腰(고시＝こし)：허리 ＊腹(하라＝はら)：배 ＊腕(우데＝うで)：팔 ＊手(데＝て)：손. ＊膝(히자＝ひざ)：무릎 ＊足(아시＝あし)：발

● 발음 연구 ●

우리는 날씨를 말할 때「날씨가 어떻습니까?」정도의 표현이 대부분이지만 비교적 가벼운 의미로 날씨를 물을 때는「소라모요」, 정확한 일기는「天気(뎅끼)」라고 말하는 것이 일본인들의 습관이라고 볼 수 있겠다.

회화 ⑨번에 나오는「다음」이라는 말의 次の를 편의상「쓰기노」라고 표기했으나 한문이 아닌 일어로 쓰면 つぎ가 되므로 "쓰이노……"에 가까운 발음이라야 할 것이다. 차례를 말할 때「자, 그 다음……」이라고 말해야 하는 경우라면 역시「さあ, その次(사아, 소노 쓰기……)」로 말해야 하지만「쓰기」의 "ㄱ"발음을 약화시켜서 모음으로 바꾸는 콧소리를 내는 것이 좋다.

날씨는 계절의 변화에 따른다.「四季」는⇒しき.「季節」은 ⇒きせつ.『春(하루), 夏(나쓰), 秋(아끼), 冬(후유)」「청춘기 = じんせい(人生)の はる(春)」등, 계절과 날씨에 관련되는 것들을 살피는 것도 학습에 도움을 얻을 수 있다.

지난해, 즉「昨年」을「さくねん(사꾸넨)」이라고 읽어야 하는데 자칫 착각하면「자꾸넨」으로 발음해서 틀리기가 쉽다. 영어로는 잘 아는 바와 같이 last year라고 한다. 이것을 일본어로 표기하면「ラスト・イーア」라고 할 수 있을 것이다. 회화 ⑲번의「風が……」는「가제가……」라고 하지 말고「가젱아……」처럼 발음 할 것.

第 二 章

日常的으로 쓰이는 기초회화

＊평범한 생활용어부터＊

□ 어떤 표현이 가장 많이 쓰이는가를 먼저 생각해보자 □

앞에서는 數値라든가 시간, 요일 등에 관계되는 낱말과 회화를 익히도록 하였다. 第二章에서는 이와 같은 것들을 활용해서 기초적인 일상회화를 쉽게 공부할 수 있도록 그 과정에 세심한 배려를 하였음은 물론이며 꼭 필요하고 많이 쓰이는 사용빈도에 따라 그 순서를 배정해서 삽입했음을 밝혀둔다.

1. 食　事

A. 아 침

① ここで 朝食が できますか.

② きょうの とくべつりょうり (特別料理)は 何ですか.

③ 2人前の テーブルを願います.

④ すみませんが, この テーブルは 予約済みです.

⑤ ていしょく (定食)は ありますか.

⑥ 何を いたしましょうか.

⑦ メニューを 持って来て 下さい.

⑧ 魚の フライは 何が ありますか.

⑨ 日本料理は 好きですか.

⑩ 何を 召し上りますか.

⑪ えびフライが できますか.

⑫ すきやきと ご飯を 下さい.

⑬ 韓國料理と わしょく (和食)と どちらが 好きです
か.

⑭ ミルクと たまごを 2つ 下さい.

＊내용해석 및 발음＊

① 여기서 아침식사를 할 수 있읍니까?
   (고꼬데 쵸~쇼꾸가 데끼마스까)
② 오늘의 특별요리는 무엇입니까?
   (교~노 도꾸베쓰료리와 난데스까)
③ 두 사람분 테이블을 부탁합니다.
   (니닌마에노 테~블 오 네가이마스)
④ 죄송합니다만 이 테블은 예약이 되어 있읍니다.
   (스미마셍가 고노 테~블 와 요야꾸쓰미데스)
⑤ 정식이 있읍니까?
   (테이쇼꾸와 아리마스까)
⑥ 무엇을 드시겠읍니까?
   (나니오 이따시마쇼~까)
⑦ 메뉘를 가져오십시오.
   (메뉴~오 못떼기떼 구다사이)
⑧ 생선 프라이는 무엇이 있읍니까?
   (사까나노 후라이와 나니가 아리마스까)
⑨ 일본요리를 좋아하십니까?
   (닙뽄료~리와 스끼데스까)
⑩ 무엇을 올릴까요?
   (나니오 메시아가리마스까)
⑪ 새우 프라이가 됩니까?
   (에비후라이가 데끼마스까)
⑫ 스끼야끼와 밥을 주시오.
   (스끼야끼또 고항오 구다사이)
⑬ 한국요리와 일본요리는 어느 쪽을 좋아하십니까?
   (강꼬꾸료~리또 와쇼꾸 또 도찌라가 스끼데스까)
⑭ 밀크와 계란 두 개를 주시오.
   (미루꾸또 다마고오 후다쓰 구다사이)

⑮ 朝飯の ようい(用意)が できました.
⑯ しょくよく(食慾)が おうせいですね.

＊＊＊＊＊＊＊＊＊＊＊＊＊＊＊＊＊＊＊＊＊＊＊＊

● 발음과 표현연구 ●

　회화 ①번의 경우를 직역하면「여기서 아침식사가 됩니까?」라
는 말인데 즉「여기서 아침을 먹을 수 있겠읍니까?」라는 뜻이다.
「아침밥」을 말할 때「朝飯(아사 메시)」를 많이 쓰지만 여러가지
형태로 암기에 도움을 주려고「朝食(죠~쇼꾸)」를 삽입하였다.
　여기에서 주의 할 것은 이것(朝食)과 비슷한 발음의 단어가 많
음을 기억해 두어야 할 것이다. 주식으로 언제나 먹고있는 음식
이라든가 정해진 식사 따위를「常食(죠~쇼꾸)」라고 하는데 발음
이 "じょうしょく"이기 때문에 이것을 세게 발음하거나「朝食(죠
~쇼꾸)」를 약하게 소리내면 서로 엇갈리기가 쉬운 단어들이다.
또 잽싸게 걷는 걸음을「長足(죠~소꾸)」라고도 한다. 히라가나로
적으면「ちょうそく」가 된다. 일본인들도「食事」라는 한문을 쓰
는데 발음은「쇼꾸지＝しょくじ」. 요음(や, ゆ, よ)에 특히 유의
할 것은 어떤 글자에 이것들이 작은 글자로 붙여지면 다음 낱말
에는 상관없이 앞글자의 발음이 요음으로 바뀐다는 것을 잊지 말
아야 할 것이다.

＊＊＊＊＊＊＊＊＊＊＊＊＊＊

⑮ 아침 식사가 준비되었읍니다.
  (아사한노 요~이가 데끼마시따)
⑯ 식욕이 좋으시군요
  (쇼꾸요꾸가 오~세이데스네)

* *

  예를 들어 「料理(료오리)」의 경우를 보더라도 「りょうり」가 되므로 앞의 り에 よう가 작은 글씨로 붙여져서 「り (리)」를 「りょう (료오)」로 발음하게 하는 것이다.
  만약 일본의 호텔에 있는 식당에 아침을 먹으려고 들어선다면 「안녕하십니까? (おはよ (뒤)うございます =오하요~고자이마스)」라고 웨이터가 깎듯한 인사를 올리거나「어서 이리로 오시지요(どうぞ, こちらへ=도~조 고찌라에.)」라든가,「어서 오십시오(いらっしゃいませ=이랏샤이마세)」라는 등의 인사를 한 뒤에 「메뉘가 여기 있읍니다(メニューで ございます.=메뉴데 고자이마스)」,
「주문을 하시지요(ごちゅうもん〔注文〕を どうぞ. =고 쮸~몽 소 도~조)」, 「무엇을 드시겠읍니까? (何を いたしましょうか.=나니오 이따시마쇼~까)」라고 묻거나 메뉘를 보여주면서「이 음식은 어떨까요? (この 食べ物は どうですか. =고노 다베모노와 도~데스까)」라고 머뭇거리는 손님에게 친절을 베풀기도 할 것이다.

* * * * * * * * * * * * * *

B. 점 심

① さあ，そろそろ ひるめし(昼飯)を 食べましょう.
　 いっしょ(一緒)に 行きましょう.
② ああ，晝食の 時間ですね.
③ どの 食堂が いいでしょうか.
④ この 近くでは どこが いいかしら.
⑤ あそこに 大きな 食堂が 見えますね.
⑥ あそこが いいと 思いますよ.
⑦ ここで　昼食が できますか.
⑧ ていしょく(定食)は どうですか.
⑨ 定食しかないですか.
⑩ 窓の 近くの ある テーブルを 願います.
⑪ この テーブルは 予約したいのですか.
⑫ 韓國料理で 定食が できますか.
⑬ にくやき定食も ありますか.
⑭ 韓國語では "ブゥルーコーキ"と 言います.

내용해석 및 발음

① 자아, 슬슬 점심이나 먹읍시다. 함께 나가시죠.
　(사아, 소로소로 히루메시오 다베마쇼. 잇쇼니 이끼마쇼.)
② 아, 점심을 먹을 시간이군요.
　(아아, 주~쇼꾸노 지깐데스네)
③ 어느 식당이 좋을까요?
　(도노 쇼꾸도~가 이이데쇼~까)
④ 이 근처에서는 어디가 좋을까?
　(고노 지까꾸데와 도꼬가 이이까시라)
⑤ 저쪽에 커다란 식당이 보이는군요.
　(아소꼬니 오~끼나 쇼꾸도~가 미에마스네)
⑥ 저쪽이 좋을 것 같군요.
　(아소꼬가 이이또 오모이마스요)
⑦ 여기서 점심이 됩니까? (점심식사를 할 수 있읍니까?)
　(고꼬데 주~쇼꾸가 데끼마스까)
⑧ 정식은 어떻습니까?
　(데이쇼꾸와 도~데스까)
⑨ 정식 밖엔 없읍니까?
　(데이쇼꾸시까 나이데스까)
⑩ 창문 가까이에 있는 테이블을 부탁합니다.
　(마도노 지까꾸노 아루 테~부루오 넹아이마스)
⑪ 이 테이블은 예약되어 있읍니까?
　(고노 테~부루와 요야꾸시따이노데스까?)
⑫ 한국요리로 정식이 됩니까?
　(간고꾸료~리데 데이쇼꾸가 데끼마스까)
⑬ 불고기정식도 있읍니까?
　(니꾸야끼데이쇼꾸모 아리마스까?)
⑭ 한국어로는 "불고기"라고 합니다.
　(간고꾸고 데와 불고기 또 이이마스)

⑮ 二階に 行きましょうか. 一階は いつも こんざつ
   (混雑)でしょう.

＊＊＊＊＊＊＊＊＊＊＊＊＊＊＊＊＊＊＊＊＊＊＊＊＊＊＊

□ 표현 및 발음연구 □

　우리말의 「자아, 에에, 저어, 그럼……」등에 해당하는　표현을
일본어로 말하자면 별로 어려울 것도 없겠으나 우리말과　비슷한
「さあ, (사아=자,)」를 쓰는 것이 외우기에도 좋고 무난하리라고
생각한다.

＊ さあ, そろそろ はじまりましょう.
　　(자, 슬슬 시작하십시다. ="사아 소로소로 하지마리마쇼~.")
＊ さあ, そろそろ 出發しましょう.
　　(자아, 슬슬 출발합시다. ="사아, 소로소로 슈빠스시마쇼~")

　점심(주식)은 대체로 「ひるめし(昼飯)=히루메시」, 또는 「ちう
しょく(昼食)=주~쇼꾸」로 말하는 것이 좋다.
　우리말의 「함께 가실까요? =같이 가시겠읍니까?」를 뭐라고 해
야 하는가? 日本語에서는 「함께」라든가 「같이」라는 말을 「一緒に」
라고 하는데 漢字를 살펴볼때 "하나의 실(糸)로 묶어서"라는　의
미를 지니므로 제법 그럴싸한(?) 의미를 지녔다고 볼 수 있다.
＊ 一緒に 行きましょうか.
　　(함께 가실까요? ="잇쇼니 이끼마쇼~까")
＊ さあ, 一緒に 始めて 下さいませんか.
　　(자 같이 시작하시죠. ="사아, 잇쇼~니 하지메떼　구다사이
　　마셍까")

⑮ 이층으로 가실까요? 일층은 언제나 혼잡하니까요.
(니까이니 이끼마쇼~까, 이까이와 이쓰모 곤자쓰데쇼~)

* *

* 一緒に 歌を うだって 下さって ありがとうございます.
(함께 노래를 불러주셔서 대단히 감사합니다. ="잇쇼~니 우다오 우닷메 구다삿메 아리가또~〈아링아또〉고자이마스")

* 晝飯の時間です. 私と 一緒に レストランで 晝飯を だべましょう.
(점심시간입니다. 저와 함께 레스토랑에서 점심을 먹읍시다.
="히루메시노 지깐데스. 와따구시또 잇쇼~니 레스토랑데 히루메시오 다베마쇼~")

* 一緒に テーブルを 予約しましょう.
(함께 테이블을 예약하시지요. ="잇쇼~니 테~부루스 요야꾸시마쇼~")
「한국어로는 ○○라고 합니다.」 「일본어로는 ○○을 ○○이라고 합니다.」라는 말을 뭐라고 하는 것이 가장 쉽고 부드러운가?

* 韓國語では "すし"を 何と 言いますか.
(한국어로는 "스시"를 무엇이라고 합니까? ="간고꾸고데와 '스시'오 난또 이이마스까")

* 簡單な 表現がありますよ. チョパップ と 言いますけれとも 日本式發音は むずかしいでしょう.
(간단한 표현이 있지요. 초밥이라고 합니다만 일본식 발음은 어려운 것입니다. ="간딴나 효~껭가(아) 아리마스요. 초밥부또 이이마스게레또모 니혼시끼 하쓰옹와 무즈까시이데쇼~")

C. 저녁

① いらっしゃいませ.

② 二人分の せき(席)が ありますか.

③ はい, どうぞ こちらへ.

④ メニューを 見せて 下さい.

⑤ メニュは こちらに ございます. 何に いたしまし
   ょうか.

⑥ わたくし(私)は かんていしょく(韓定食)を たの
   みますよ. では あなたは なにに しましょうか.

⑦ 私も おな(同)じ 韓定食に しましょう. にく(肉)は
   どの くらいに しましょうか.

⑧ よく 燒いて下さい. それから おのみもの (飲物)
   は 何に いたしましょうか.

⑨ 韓國の ビールを 下さい.

⑩ かしこまりました.

⑪ どんな 魚の さしみが 一番ですか.

내용해석 및 발음

① 어서 오십시오.
(이랏샤이마세)

② 두 사람분의 좌석이 있읍니까?
(니닝분노 세끼가 아리마스까)

③ 예, 어서 이리로(드시지요).
(하이 도오조 고찌라에)

④ 메뉴를 보여 주시오.
(메뉴~오 미세떼 구다사이)

⑤ 메뉴는 여기 있읍니다. 무엇으로 하시겠읍니까?
(메뉴~와 고찌라니 고자이마스. 나니니 이따시마쇼~까?)

⑥ 나는 한정식으로 부탁해요. 그럼 당신은 무얼 드시겠읍니
까?
(와따꾸시와 간메이쇼꾸오 다노미마스요. 데와 아나따와 나니니시
마쇼~까)

⑦ 나도 같은 한정식으로 하겠읍니다. 고기는 어느 정도로
할까요(구울까요)?
(와따꾸시모 오나지 간메이쇼꾸니 시마쇼~. 니꾸와 도노 구라이니
시마쇼~까)

⑧ 잘 구워 주십시오. 그리고 음료는 무엇으로 하겠읍니까?
(요꾸 야이떼 구다사이. 소레까라 오노미모노와 나니니 이따시 마쇼
~ 까)

⑨ 한국산 맥주를 주십시오
(강고꾸노 비~루오 구다사이)

⑩ 알았읍니다.
(가시꼬마리마시따)

⑪ 어떤 생선회가 제일 좋습니까?
(돈나 사까나노 사시미가 이찌방데스까)

⑫ あなごの さしみが よいでしょう.

⑬ この みせ(店)は なかなか 感じが いいだろうね.

⑭ そうです. あなたは ここに よく こられますか.

⑮ そうですね. 週に 1～2回は ここで 夕食を と
ろことに して いますよ.

⑯ 料理は どうですか.

⑰ なかなか うまいます.

⑱ お待たせ いたしました.

⑲ すみませんが しお(塩)をとって くれないんですか.

⑳ こしょうは.

㉑ いいえ, しおだけで じゅうぶんです. ありがとう.

㉒ デザートは なにに しましょうか.

㉓ 私は アイス・クリームで いいですが.

㉔ では, アイス・クリームを 二人前 もって 下さい.

⑫ 장어회가 좋겠지요.
(아나고노 사시미가 요이데쇼~)

⑬ 이 집은 인상이 썩 좋군요
(고노 미세와 나까나까 칸지가 이이다로~네)

⑭ 그렇군요. 당신은 자주 여기에 오십니까?
(소~데스. 아나따와 고꼬니 요꾸 고라레마스까)

⑮ 글쎄요. 일주일에 한 두 번은 여기서 저녁을 들고 있읍니
다.
(소~데스네. 슈우니 이찌니까이와 고꼬데 유우쇼꾸오 도루 고또니 시
메 이마스요)

⑯ 요리는 어떻습니까
(료오리와 도오데스까)

⑰ 아주 잘합니다.
(나까나까 우마이마스)

⑱ 오래 기다리셨읍니다.
(오마따세 이따시마시따)

⑲ 미안합니다만 소금 좀 집어 주시겠읍니까?
(스미마센가 시오오 돗떼 구레나인데스까)

⑳ 후추는?
(고쇼~와)

㉑ 아니, 소금이면 충분합니다. 고맙습니다.
(이이에, 시오다께데 쥬우분데스. 아리가또오)

㉒ 디저어트로는 무엇을 하시겠읍니까?
(데자~토와 나니니 시마쇼~까)

㉓ 나는 아이스크림이 좋은데요.
(와따꾸시와 아이스 쿠리~무데 이이데스가)

㉔ 그럼 아이스크림을 2인분 주시오.
(데와 아이스쿠리~무오 니닝마에 못떼 구다사이)

㉕ きゅうじ(給仕)さん，かんじょう(勘定)を たのむ
　 よ．
㉖ はい．ぜんぶで 五千五百円に なります．
㉗ どうも いただきました．

◎ 음식에 관계되는 낱말들 ◎

＊ **食事**(쇼꾸지) : 식사
＊ **朝食**(죠～쇼꾸) : 아침식사　＊ **朝飯**(아사메시) : 조반　＊ **昼食**
(쮸～쇼꾸) : 점심　＊ **夕食**(유～쇼꾸) : 저녁식사　＊ **正さん**(세이
산) : 정찬　＊ **定食**(데이쇼꾸) : 정식　＊ **水をコップ1杯**(미즈 오
곱뿌 입빠이) : 물을 한 컵　＊ **飲むとき**(노무도끼) : 마실 때
＊ **勘定書**(간조～가끼) : 계산서
＊ **塩を**(시오 오) : 소금을

㉕ 웨이터, 계산을 부탁해요.
　　(큐우지상, 간죠오오 다노무요)
㉖ 예, 전부 5천 5백엔이 됩니다.
　　(하이 젬부데 고센고햐꾸엔니 나리마스)
㉗ 아주 잘 먹었읍니다.
　　(도오모, 이다다끼마시따)

　회화란 어느나라 말을 막론하고 정확한 발음과 엑센트, 그리고 억양이 무엇보다 중요하며 이것들은 어느 하나라도 소홀히 할 수 없는 것임을 명심해야 한다.

　오래전에 이 땅에서 사회사업에 몸바쳐 일하다가 타계한 Y여사(日本人)는 얼핏 들으면 일본인이라는 걸 잘 모를만큼 정확한 우리말을 구사했는데 「ㅇ」발음을 잘 못해서 꼬마들이 대변을 보면 「애 순이야 똘이가 돈(똥) 쌌다. 빨리 치워라」고 말해서 언제나 철없는 아이들이 배꼽을 쥐게 했었다. 우리가 日語를 하는 경우를 생각해 보자.

□ 표현 및 발음연구 □

　①에서 보는 바와 같이 식당은 물론이고, 상점에 가면 점원이, 또 초대받아 갔을 때는 호스트가 반드시 いらっしゃいませ (이랏샤이마세)라고 한다. 이 말은 참으로 많이 쓰이는 말이므로 인사말 다음으로 알아두어야 하며, 알아두면 참으로 편리한 말이다.

　③에서의 どうぞ는 우리말에 꼭맞는 말이 없다. 영어의 please 에 해당하는 말인데 경우에 따라서는 여러 가지로 옮길 수 있는

말이다. 그러므로 이 どうぞ의 용법을 잘 알고, 또 그 용례를 많이 알아두면 실제 회화에서 많이 도움을 받을 것이다. 발음에 관해서는 앞에서도 여러 차례 언급했지만 한자어에는 특히 동음이의어(同音異意語)가 많을 뿐만 아니라 자칫하면 청탁, 장단음의 구별을 하지 못하여 말하는 사람의 뜻을 오해하는 수가 생기게 되므로 발음에 각별히 주의해야 한다. 예를 들어서 노기(乃木)하면 사람의 성이 되는데, 노끼(軒)하면 처마라는 뜻이 된다. 그런데 이것을 바꾸어 발음하면 알아듣는 사람은 한 사람도 없다. 가장 좋은 예는 관동 대지진 때에 일본 사람들이 한국인과 구별하는 좋은 발음으로 一円五拾錢(いちえん ごじっせん)을 이용했다 한다. 이 "이찌엥 고짓쎈"이라는 발음을 한국인은 잘못하기 때문이다. 그래서 이 발음을 시켜 보아 발음이 스무우드하게 잘 되면 일본인으로 보고 제외시켰다 하니 발음이 얼마나 중요한가를 알 수 있다. 모든 외국어에서는 무엇보다도 발음이 중요하다는 것을 명심하기 바란다.

⑱은 음식 같은 것을 주문한 다음 웨이터가 음식을 가져 오면서, 자기가 기다리게 한 것은 아니지만 결과적으로 지다려지게 해서 미안하다는 뜻이 숨어 있는 말이다. 그 밖에 사람을 기다리게 했을 때도 쓴다.

2. 서울의 교통

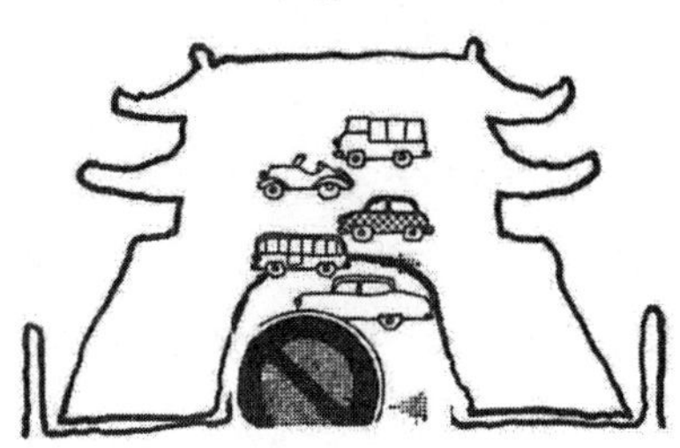

　서울의 교통은 외국과는 비교할 수 없을 정도로 복잡하고 혼잡하며 또 교통 수단을 이용하기가 매우 힘들다는 것은 모두 알고 있는 사실이다. 그러면 어떻게 이러한 사정을 외국 관광객들에게 설명을 해야 이해가 빠를까 하는 점을 생각하게 된다. 그래서 여기서는 버스, 택시, 지하철 그리고 그 밖의 여러가지에 대해서 알아보기로 한다.

　버스라고 하면 우리는 수도 서울의 그 짐짝을 싣는 듯한 불친절한 것으로만 알고 있으나 외국에서는 모든 버스가 정해진 시각에 정해진 정원을 지키는 것이 철칙으로 되어 있다. 그러므로 우리 나라의 특수 사정을 생각하여 다루어 보는 데 주력했다. 또 택시타기는 요즈음에 와서 약간 좋아졌다고는 하나 서어비스면에서는 예전에 비해 별 다를 바가 없으므로 외국인의 입장에서는 이해하기가 힘들 것이다.

　또 지하철은 전 노선, 전 구간이 모두 개통되어야 제구실을 할 수 있을 것이다. 아직은 1호선 10km 미만이므로 외국의 지하철에 비교해서 설명하기란 좀 힘들다고 하겠다. 그렇다고 외국어 회화 공부를 못할 것은 없으므로 그런 것에 구애받을 필요는 없으리라고 본다. 그런 점에 유의하면서 하나씩 익혀가기로 하자.

□ 교통에 관한 기초회화 □

A. 버 스

① ここは ソウルえき(驛)ですか.

② はい, そうです.

③ バスで ソウルだいがくへ ゆくつもりですが, なんばんに 乗ったら ここからいけるですか.

④ しない(市内) バスの りょうきん(料金)は いくら ですか.

⑤ ここから キンポ(金浦) こっさい くうこう (國際 空港)まで どの くらい かかりますか.

⑥ ソウルには ひじょうに バスが おおいですね.

⑦ 市内 バスは ほかの くにのとは かたちが ちがい ますよ.

⑧ ソウルの のりもの(乗り物)には どんなのが あり ますか.

⑨ おもに バスを りよう(利用)しますが, ちかてつ (地下鐵)と タクシーも あります.

⑩ 學生たちは なにを 利用しますか. またりょうきん (料金)は いくらですか.

⑪ ここから しちょう(市庁)まで あるいて なんぷん かかりますか. では バスでは?

⑫ かんこく(韓國)には 地下鉄が いつ たてたんです か.

내용해석 및 발음

① 여기는 서울역입니까?
   (고꾜와 소우루에끼 데스까)

② 예, 그렇습니다.
   (하이 소오데스)

③ 버스로 서울 대학에 가려고 하는데 몇번 버스를 타야 갈
   수 있읍니까?
   (바스데 소우루 다이각구에 유꾸쓰모리 데스가, 난반니 놋따라 고
   꼬까라 이께루데스까)

④ 시내 버스 요금은 얼마입니까?
   (시나이 바스노 료오낑와 이꾸라데스까)

⑤ 여기서 김포 국제공항까지 어느 정도 걸립니까?
   (고꼬까라 김포 곡사이 구우꼬오마데 도노 구라이 가까리마스까)

⑥ 서울에는 버스가 매우 많군요.
   (소우루니와 히죠-니 바스가 오오이데스네)

⑦ 시내 버스는 다른 나라의 것과 모양이 매우 다르군요.
   (시나이 바스와 호까노 꾸니노또와 가다찌가
      지가이마스요)

⑧ 서울의 탈것에는 어떤 것들이 있읍니까?
   (소우루노 노리모노니와 돈나노가 아리마스까)

⑨ 주로 버스를 이용하지만 지하철과 택시도 있읍니다.
   (오모니 버스오 리요오시마스가 찌까데쓰또 탁시모 아리마스)

⑩ 학생들은 무엇을 이용합니까? 또 요금은 얼마입니까?
   (각세이다찌와 나니오 리요-시마스까. 마따 료-낑와 이꾸라데스까)

⑪ 여기서 시청까지 걸어서 몇분 걸립니까, 그럼 버스로는?
   (고꼬까라 시쬬-마데 아루이떼 난봉가까리마스까, 데와 바스데와?

⑫ 한국에는 지하철이 언제 건설되었읍니까?
   (강꼬꾸니와 찌까데쓰가 이쓰 다떼딴데스까)

⑬ わが くに(國)にも 1974年, ちかてつが たててい
   ます.

⑭ バス 料金は 1回のりに 60ウォンです. しかし 市
   界を こえると 10ウォンずつ くわえます.

⑮ この バスは どこ行きですか.

⑯ 金浦くうこう(空港)まで 行きます. お客は どこ
   まで ゆきますか.

⑰ バスに のって ソウルの やけい(夜景)を 見たい
   んですが.

⑱ しがい(市外) バス タミナールまで いこうと し
   ますが.

⑲ こうそく バスタミナールまでですか.

⑳ では ここから ⑭⓪番 バスに 乗って 行けば いい
   んです.

㉑ ちょと うかがいますが, この つぎは どこですか.

㉒ バスの ないぶ(内部)が ひじょうに せまくて 身
   動(みうご)ぎも 不自由です.

㉓ この バスの じゅうてん(終点) は どこですか.

㉔ この ごろには ちょっ こう(直行) バスも とうち
   ょう(登場)して ずっと べんり(便利)だ そうです.

㉕ あの 直行 バスの 料金は いくらですか.

⑬ 우리 나라에도 1974년, 지하철이 건설되었읍니다.

　(와가구니니모 잇센큐하구 나나주요넨, 찌까데쓰가 다떼메이마스)

⑭ 버스 요금은 1회에 60원입니다. 그러나 시계(市界)를 벗
어나면 10원이 추가됩니다.

　(바스 료-낑와 잇까이노리니 로꾸쥬원데스. 시까시 시까이오 고에
루도 쥬우원즈쓰 구와에마스.)

⑮ 이 버스는 어디갑니까?

　(고노 바스와 도꼬유끼데스까)

⑯ 김포 공항까지 갑니다. 손님은 어디까지 갑니까?

　(김포 구우꼬오마데 이끼마스. 오갸꾸와 도꼬마데 유끼마스까)

⑰ 버스를 타고 서울의 야경을 구경하고 싶은데요.

　(바스니 놋떼 소우루노 야께이오 미따인데스가)

⑱ 시외 버스 터미널까지 가려고 하는데요.

　(시가이 바스 타미나-루마데 이꼬오 또 시마스까)

⑲ 고속 버스 터미널까지 말입니까?

　(고오소꾸 바스 타미나-루 마데데스까)

⑳ 그럼 여기서 ⑭번 버스를 타고 가면 됩니다.

　(데와, 고꼬까라 하꾸욘쥬방 바스니 놋떼 이께바 이인데스)

㉑ 말씀좀 여쭙겠는데요, 이 다음은 어디입니까?

　(쫏또 우까가이마스가 고노 쓰기와 도꼬데스까)

㉒ 버스 내부가 매우 좁아서 움직이기도 부자유스럽습니다.

　(바스노 나이부가 히죠-니 세마꾸떼 미우고끼모 후지유데스)

㉓ 이 버스의 종점은 어디입니까?

　(고노 바스노 슈-뗑와 도꼬데스까)

㉔ 요즈음에는 직행 버스도 등장하여 훨씬 편리하다고 합니다.

　(고노고로니와 쪽꼬오 바스모 도-죠-시떼 즛또 벤리다 소오데스)

㉕ 저 직행 버스의 요금은 얼마입니까?

　(아노 쪽꼬오 바스노 료-낑와 이꾸라 데스까)

㉖ 1回に 300ウォンです. 料金は すこし 高(たか)
いですけれども ひとびとで こむ ラッ ミューア
ワ などには ひじょうに 便利です.

* *

□ 표현 및 발음연구 □

앞에서 여러번 말한 바와 같이 서울은 지명이므로 가따까나로
표기해야 한다. 그리고 일본어에는 우리말의 "ㅓ", "ㅐ" 따위의
발음이 없으므로 서울의 서를 가장 가까운 "ソ(소)"로 표기했다.
또 일본어에는 원칙적으로 받침이 없는 말이다. 그러므로 서울의
울은 ウル(우루)로 표기한다.
④의 시내 버스는 우리 나라에만 있는 것은 아니지만 선진국에
서는 전철, 지하철 등이 발달해서 버스는 주로 시외 버스용이 많
다.
어느 나라든지 외국에서 들어오는 사람은 그 나라의 국제 공항
을 통해 들어오게 마련이다. 그러므로 국제 공항에서 자기의 목
적지(호텔, 또는 약속 장소)까지, 그리고 다시 국제 공항까지 걸
리는 시간, 요금 등을 알아두는 것이 좋다.
⑧ 乗り物(노리모노)라고 하면 탈 수 있는 것 즉, 자동차·기차
·배·비행기 등을 말하는데 여기서는 육상 교통, 그것도 서울 시
내로 한정하므로 택시, 버스, 전철(지하철)을 이야기하는 것이다.
이 「のりもの(노리모노)」를 우리말로는 탈것이라고 하는 것이 무
난하다.

* * * * * * * * * * * * *

㉖ 1회에 300원입니다. 요금은 약간 비싼편이지만 사람들
로 붐비는 러시·아워에는 매우 편리합니다.
　(잇까이니 삼뱌꾸원데스. 료낑와 스꼬시 다까이데스 게레또모 히도
　비또떼 고무 럇슈아와 나또니와 히죠니 벤리데쓰.)

＊.＊＊＊＊＊＊＊＊＊＊＊＊＊ ＊＊＊＊＊＊＊＊＊＊＊＊＊

⑪의 かかりますか는 かかる가 원형인데 이 말은 쓰이는 곳이
퍽 많으므로 잘 알아두는 것이 좋다.

⑭의 ウォン은 우리 나라의 화폐 단위인 「원」을 표기한 것이다.
이것도 우리말에 꼭맞는 발음이 없어서 가장 가까운 발음을 택한
것이다. 이와 같은 예는 외국어를 공부한 사람이라면 누구나 알
수 있을 것이라고 본다.

⑯의 お는 상대방을 높이거나 점잖게 표현하는 법인데 우리말
에는 여기에 딱 들어맞는 뜻이 없다. 그러므로 그때그때 그 문맥
에 알맞는 해석을 해야 할 것이다.

⑰의 バスに のる에서 「~을 타다」라고 할 때는 「~に のる」라
고 해야 한다. 「~を のる」라는 표현은 하지 않으니 주의해야 한
다.

⑱의 タミナール도 「터미널」이라는 외래어의 표기인데 원음에
가장 가깝게 표기한 것이다.

㉖의 ラッシューアワ도 위에서 설명한 바와 같은데 우리말로 표
기하면 러시·아워가 된다. 그러나 일본어에는 "어" 발음이 없어
서 와로 표기한다.

＊＊＊＊＊＊＊＊＊＊＊＊＊

B 택 시

① もしもし、しんせかい(新世界)まで いけますか。

② どうぞ おの(乗)りください。

③ ソウルえき(駅)まで かなり かかりますか

④ この じかん(時間)には こんざつ(混雑) しますの
で やく(約)30分ほど かかります。

⑤ では いま(今)は ラッシューアワですか。

⑥ わたくし(私)はべつ(別)に いそ(急)いで ないか
ら ゆっくり 行っても さしつかえは ありません。

⑦ いま さしかかって いるのは なんというこうえん
(公園)ですか.

⑧ ソウルは はじ(始)めてですか.

⑨ ええ, たった みっか(三日)まえに つ(着)いたば
かりです.

⑩ ソウルは なかなか きれいな とし(都市)ですね.

⑪ あの もん(門)は なんですか.

⑫ これが 漢江ですか. 漢江の みず(水)は きれい
ですね.

⑬ ソウルには どんな タクシーがはし(走)っていま
すか.

내용해석 및 발음

① 여보세요, 신세계까지 갈 수 있읍니까?
  (모시모시 신세까이마데 이께마스까)

② 어서 타십시오.
  (도오조 오노리 구다사이)

③ 서울역까지 꽤 걸립니까?
  (소우루에끼마데 가나리 가까리마스까)

④ 이 시간에는 혼잡하기 때문에 약 30분 걸립니다.
  (고노 지깐니와 곤자쓰시마스노데 야꾸 산집뿐호도 가까리마스)

⑤ 그럼, 지금은 러시 아워입니까?
  (데와 이마와 랏슈-아와데스까)

⑥ 나는 별로 바쁘지 않으니까 천천히 가도 지장은 없읍니다
  (와따꾸시와 베쓰니 이소이데 나이까라 윳꾸리 잇떼모 사시쓰까에
  와 아리마셍)

⑦ 지금 지나고 있는 것은 무슨 공원입니까?
  (이마 사시가깟데 이루노와 난또 이우고오엔데스까)

⑧ 서울은 처음입니까?
  (소우루와 하지메떼데스까)

⑨ 예, 도착한 지 겨우 3일밖에 안 됐읍니다.
  (에에, 닷따 밋까 마에니 쓰이다 바까리데스)

⑩ 서울은 참으로 깨끗한 도시군요.
  (소우루와 나까나까 기레이나 도시데스네)

⑪ 저 문은 무슨 문입니까?
  (아노 몽와 난데스까)

⑫ 이것이 한강입니까? 한강 물은 정말 깨끗(맑군)하군요.
  (고레가 한강데스까? 한강노 미즈와 기레이데스네)

⑬ 서울에는 어떤 택시가 달리고 있읍니까?
  (소우루니와 돈나 탁시가 하싯떼 이마스까)

⑭ いっぱん タクシーと がいこくじん(外国人)む(向)
   きの コール タクシー，そして アリラン タク
   シーなどが あります．

⑮ 料金は いくらですか．

⑯ 一般 タクシーは きほん(基本) 料金は 300ウォ
   ンで，500m あた(堂)り，40ウォンずつ くわえま
   す．

⑰ このごろは タクシー あいのり(合乗)は できます
   か．

⑱ この タクシーには なんにん のることが できます
   か．

⑲ あそこに タクシーが たくさん あります． なぜ
   ですか．

⑳ ソウルえきのタクシーの のりば(乗場)ですから で
   す．あそこでは ソウルに く(来)る ひとびとで
   いつも タクシーに のろうと して こんで います
   す．

㉑ この タクシーは ほんとうに いい こころもちで
   すね．なんと いう モデルですか．

㉒ ここで タクシーを とまれますか．

㉓ ここで おろして ください．

⑭ 일반 택시와 외국인 상대의 콜 택시, 그리고 아리랑 택시 등이 있읍니다.
(잇빤 탁시또 가이고꾸진 무끼노 코-루 탁시 - 소시떼 아리랑 탁시 - 나도가 아리마스)

⑮ 요금은 얼마입니까?
(료-낑와 이꾸라데스까?)

⑯ 일반 택시는 기본 요금이 300원이고, 500m 당 40원씩 추가됩니다.
(잇빤 탁시와 기혼 료-낑와 삼뱌꾸원데, 고햐꾸 메토루 아따리 욘쥬원 즈쓰 구와에마스)

⑰ 요즈음은 택시 합승이 가능합니까?
(고노고로와 탁시 - 아이노리와 데끼 마스까)

⑱ 이 택시에는 몇사람이나 탈 수 있읍니까?
(고노 탁시 - 니와 난닝 노루고또가 데끼마스까)

⑲ 저기에 택시가 많이 있읍니다. 왜 그렇습니까?
(아소꼬니 탁시 - 가 닥상 아리마스. 나제데스까?)

⑳ 서울역의 택시 승차장이라서 그렇습니다. 저기는 서울로 오는 사람들로 언제나 택시를 타려고 해서 붐빕니다.
(소우루에끼노 탁시 - 노 노리바데스까라데스. 아소꼬데와 소우루니 구루 히또비또데 이쓰모 탁시 - 니 노로오또시떼 곤데 이마스)

㉑ 이 택시는 정말 기분이 좋군요. 무슨 모델입니까?
(고노 탁시 - 와 혼또오니 이이 고꼬로 모찌데스네. 난또 이우 모데루데스까)

㉒ 여기서 택시를 세울 수 있읍니까?
(고꼬데 탁시 - 오 도마레 마스까)

㉓ 여기서 내려 주십시오
(고꼬데 오로시떼 구다사이)

㉔ ここは バスのていりゅうじょですから とまれま
せん. もう ちょっと さき(先)に 行かないと
いけません.
㉕ ありがとう. いくらですか.

＊＊＊＊＊＊＊＊＊＊＊＊＊＊＊＊＊＊＊＊＊＊＊＊＊＊＊

□ 표현 및 발음연구 □

① 의 もしもし는 여보세요?하고 부르는 뜻이며, 혼히 전화를 걸 때에 많이 쓰이는 말이다.

② 의 どうぞ おのりください는「어서 타시죠」에 해당하는 말인데 알아두면 퍽 도움이 되는 말이다. 단지 우리말에는 이 どうぞ 에 꼭 들어맞는 말이 없으므로 그때그때 알맞게 사용하면 된다.

⑤ 의 では는「그럼」이라는 뜻인데 이것을 줄여서 じゃ라고 혼히 쓴다. 그런데 가끔 さあ와 じゃ (では)를 혼동하는 경우를 볼 수 있다. さあ는 자, 하는 뜻이므로, 앞으로는 절대로 혼동하지 않도록 해야한다.

⑨ 의 みっか란 3일을 이야기한다. 第1章에서도 여러 가지로 주의한 바 있지만 날짜와 숫짜 읽는 법이 일본어에서는 까다로운 편이다. 그러나 어려운 것은 아니므로 반드시 암기하여 사용하는 데 지장이 없도록 해 주기 바란다.

＊＊＊＊＊＊＊＊＊＊＊＊＊

㉔ 여기는 버스 정류장이기 때문에 세울 수가 없읍니다. 좀
더 앞으로 가지 않으면 안 됩니다.
(고꼬와 바스노 데이류-죠데스까라 도마레 마셍. 모오 쫓또 사끼
니 이까나이또 이께마셍)

㉕ 감사합니다. 얼마입니까?
(아리가또오 이꾸라데스까)

* *

⑫ 의 漢江은 고유 명사이므로 그대로 ハンカン (한강)이라고 읽
어야 한다. 그러나 일본어식으로 발음하면 かんこう (강꾜오) 가 된
다.

⑭ 의 むき라는 말은 兒童(じどう)むき、學生むき 하는 식으로
많이 쓰이는 말이니 잘 알아두도록 한다. 의미는 ～상대 、～ 에
알맞는이라는 뜻이다. 예를 들어서 あの ほん(本)は じょせい(女
性)むきだ。라고 하면 「저 책은 여성 상대의 책이다」라는 뜻이 된
다.

㉑ 의 モデル도 외래어인 Model 의 표기인데 일본어에는 받침이
없으므로 "모데루"가 된다. 이런 것은 잘 알아두면 외래어 표기
는 물론이고 무엇을 뜻하는 말인지도 곧 알 수 있게 된다.

㉔ 先(さき)라는 말은 먼저, 앞이라는 뜻이지만 때로는 뒤라고
쓰일 때도 있으므로 문맥을 잘 파악해야 한다. 이 말에 대해서
는 다음으로 미룬다.

㉕ 의 いくら는 「얼마」를 뜻하는데 주로 가격, 요금 등을 물을
때 사용하는 말이다.

* * * * * * * * * * * * * *

C. 지하철

① ここから 鍾路 5街まで 地下鉄で どの くらい
かかりますか。

② この 地下鉄に のって そのまま 仁川, 水原まで
いけます。

③ 地下鉄の 料金は いくら ですか。

④ 基本 りょう きんは 60ウォンで その はんい (範
囲)を こえると 料金が くわえます。

⑤ ここから いちばん ちか(近)い 地下鉄の 駅ま
で いくつもりです。どうすれば いいんですか。

⑥ この つぎの つぎは どこですか。

⑦ ソウルえきです。

⑧ この 地下鉄は きれいで いいこころもちですね。

⑨ この 地下鉄の けんせつ(建設)で わがくも 地下
鉄の じだい(時代)の とびらを あ(開)いたと
いえます。

⑩ わがくには せかい(世界)の 22ばんめ(番目)の 地
下鉄の くにに なりました。

내용해석 및 발음

① 여기서 종로 5가까지 지하철로 어느 정도 걸립니까?
(고꼬까라 종로 고가이마데 찌까데쓰데 도노 구라이 가까리마스까)

② 이 지하철을 타고 그대로 인천, 수원까지 갈 수 있읍니다.
(고노 찌까데쓰니 놋메 소노마마 인천, 수원마데 이께마스)

③ 지하철 요금은 얼마입니까?
(찌까데쓰노 료-낑와 이꾸라데스까)

④ 기본 요금은 60원인데 그 범위를 벗어나면 요금이 추가됩니다.
(기혼 료-낑와 로꾸쥬엔데 소노 항이오 고에루또 료-낑가 구와에마스)

⑤ 여기서 가장 가까운 지하철역까지 가려고 합니다. 어떻게 해야 될까요?
(고꼬까라 이찌방 찌까이 찌까데쓰노 에끼마데 이꾸쓰모리데스. 도 오스레바 이인데스까)

⑥ 이 다음 다음은 어디입니까?
(고노 쓰기노 쓰기와 도꼬데스까)

⑦ 서울역입니다.
(소우루에끼데스)

⑧ 이 지하철은 깨끗해서 기분이 좋군요.
(고노 찌까데쓰와 기레이데, 이이고꼬로모찌데스네)

⑨ 이 지하철 건설로 우리 나라도 지하철 시대의 문을 열었다고 할 수 있읍니다.
(고노 찌까데쓰노 겐세쓰데 와가구모 찌까데쓰노 지다이노 도비라오 아이따또 이에마스)

⑩ 우리 나라는 세계에서 22번째 지하철의 나라가 되었읍니다.
(와가구니와 세까이노 니쥬니반메노 찌까데쓰노 구니니 나리마시따)

⑪ あなたは 地下鉄に のった・ことが ありますか。

⑫ 地下鉄は おおいの こうつうじんこう（交通人口）
を ちか（地下）で しょり（処理）しますので いろ
いろな てんで やくに たちます。

⑬ 地下鉄に のってから ちゅうい（注意）しなければ
ならないのには どんなのが ありますか。

⑭ 地下鉄の もん（門）は じどうもん（自動門）ですか
ら むやみに てを ふれては いけません。

⑮ 地下鉄は しゅとけん（首都圏）でんてつ（電鉄）と
むす（結）んで いるので 仁川や 水原から りよう
（利用）することが できます。

⑯ 私は まいにち（毎日）地下鉄で つうきん（通勤）
して います。

⑰ たいがい との くらい かかりますか。

⑱ 地下鉄に のってから 20分 ほど かかります。

⑲ これは ほんとうに べんり（便利）ですね。

⑳ 地下鉄は いつから りよう するように なりました
か。

⑪ 당신은 지하철을 탄 적이 있읍니까?
(아나따와 찌까데스니 놋따 고또가 아리마스까)

⑫ 지하철은 대부분의 교통 인구를 지하에서 처리하므로 여러 가지로 도움이 됩니다.
(찌까데쓰와 오오이노 고오쓰우징꼬오오 찌까데 쇼리시마스노데 이로이로나 멘데 아꾸니 다찌마스)

⑬ 지하철을 탔을 때 주의해야 할 점에는 어떤 것이 있읍니까?
(찌까데쓰니 놋메까라 쮸우이시나께레바 나라나이노니와 돈나노가 아리마스까)

⑭ 지하철 문은 자동문이므로 함부로 손을 대서는 안 됩니다.
(찌까데쓰노 몽와 지도오몽데스까라 무야미니 데오 후레메와 이께마셍)

⑮ 지하철은 수도권 전철과 연결되어 있으므로 인천이나 수원에서 이용할 수 있읍니다.
(찌까데쓰와 슈도겐 멘데쓰또 무슨데 이루노데 인천야 수원까라 리요오스루고또가 데끼마스)

⑯ 나는 날마다 지하철로 통근하고 있읍니다.
(와따꾸시와 마이니찌 찌까데쓰데 쓰우낀시메 이마스)

⑰ 대개 어느 정도 걸립니까?
(다이가이 도노구라이 가까리마스까)

⑱ 지하철을 타고 20분 정도 걸립니다.
(찌까데쓰니 놋메까라 니집뿐 호도 가까리마스)

⑲ 이것은 참으로 편리하군요.
(고레와 혼또오니 벤리데스네)

⑳ 지하철은 언제부터 이용하게 되었읍니까?
(찌까데쓰와 이쓰까라 리요오스루요오니 나리마시따까)

㉑ いま　うんこうちゅう（運行中）の　地下鉄は　だい
　　いちごせん（第一号線）で、ソウル駅　まえ（前）　か
　　ら　清涼里まで　約 10kmを　おうふく（往復）　して
　　います。
㉒ それから　だいにご、だいさんご…せんを　つづい
　　て　建設しています。
㉓ そうなると　ソウルの　交通は　ずっと　べんり（便
　　利）するように　なりますね。
㉔ では　地下鉄に　のるに　いきましょう。

****

□ 낱말 및 발음 표기 □

停留所〔TeiryùZo〕：정류장　終点〔 ShùTen 〕：종점
乗車賃〔ZōShachin〕：요금　降りる（Oriru）：내리다
交通〔KōTsū〕：교통　乗る（Noru）：타다
バス〔Bas〕：버스　タクシー〔TAKUSHI〕：택시
料金〔RyōKin〕：요금

□ 표현 및 발음연구 □

① 鍾路는 지명이므로 그대로 "종로"라고 발음해야 한다. 이와
같은 예는 앞으로도 많이 나올 것이므로 각별히 유의해서 공부해
야 할 것이다.
② 우리 나라의 지하철은 수도권 전철과 연결되므로 인천이나

****

㉑ 현재 운행중인 지하철은 제 1 호선인데 서울역 앞에서 청
  량리까지 약 10 km를 왕복하고 있읍니다.
   (이마 운꼬오쮸우노 찌까데쓰와 다이이찌고센데 소우루에끼 마에
   까라 청량리마데 야꾸 주~키로메타오 오오후꾸시뻬이마스)
㉒ 그리고 제 2 호, 제 3 호…선을 계속해서 건설하고 있읍니
  다.
   (소레까라 다이니고, 다이산고…센오 쓰즈이메 겐세쓰시뻬이마스)
㉓ 그렇게 되면 서울의 교통은 훨씬 편리하게 되겠군요.
   (소~나루또 소우루노 고~쓰~와 즛또 벤리스루요~니 나리마스네)
㉔ 그럼 지하철을 타러 갑시다.
   (데와 찌까데쓰니 노루니 이끼마쇼-)

* *

수원에서 갈아타지 않아도 서울에 갈 수가 있다.

 ③ 일본어의 한자음은 일정한 규칙이 없다. 그러므로 한자가 나
올 때마다 익혀두어야 한다.

 ⑬의 ～しなければ ならない는 일본어에만 있는 특수한 표현이
다. 우리말로 하면 「하지 않으면 안 된다」 즉 해야 한다는 말인
데 이런 형식의 표현은 반드시 암기해 두는 것이 일본어를 공부
하는데 도움이 될 것이다.

 ⑱의 から에는 여러 가지 뜻이 있는 말이다. 즉, ～してから라
고 하면 ～한 뒤에라는 뜻이며 ここから라고 하면 여기서부터라는
뜻이 되며, 또 ～여기서라는 뜻도 되므로 문맥을 잘 보고 파악해야
한다. ②의 仁川, 水原도 고유 명사 이므로 그대로 읽어야 한다.

* * * * * * * * * * * * *

◎ 교통(버스)에 관계되는 낱말들 ◎

＊ バス(바스) : 버스

＊ このバスは ○○へ 行きますか。(고노 바스와 ○○에 이끼마스까) : 이 버스는 ○○에 갑니까?

＊ あのバスは ソウル駅行きですか。(아노 바스와 서우루에끼 유끼데스까) : 저 버스는 서울역행입니까?

＊ このバスは 光化門を 通ります。(고노 바스와 광화문오 도오리마스) : 이 버스는 광화문을 지납니다. ※ 通る(도오루＝지나다, 통과하다)

＊ ソウル駅で お乗りかえなさい。(서우루 에끼데 오노리 까에 나사이) : 서울역에서 바꿔타시기 바랍니다.

＊ 155番の 佛光洞行の バスに お乗りにしましょう。(햐꾸고쥬～고반노 불광동유끼노 바스니 오노리니시마쇼～) : 155번 불광동행 버스를 타시지요.

＊ どこで タクシーが 止るでしょうか。(도꼬데 다꾸시가 도마루데쇼～까) : 어디에 택시가 서는 겁니까?

＊ 空港から トキューホテルまで(구～꼬～까라 도규～호테루마데) 공항에서 도규호텔까지

＊ タクシーの料金(다꾸시노 료～낑) : 택시 요금　＊ 南山まで 行きたいんですが(남산마데 이끼따인데승아) : 남산까지 가고싶은데요　＊ タクシーの メーターでは いくらに なりましたか。(다꾸시노 메～타～데와 이꾸라니 나리마시다까) : 택시 미터로는 얼마나 나왔읍니까?

＊ ここから遠いでしょうか。(고꼬까라 도오이데쇼ー까) : 여기에서 멉니까?

＊降りる (오리루) : 내리다　＊降りますか。(오리마스까) : 내립니까?　＊○○までは 何分ぐらい かかりますか。(○○마데와 난뿐 구라이 가까리마스까) : ～까지는 몇 분이나 걸립니까?
＊歩いて (아루이테) : 걸어서　＊タクシーに乗ると (다꾸시니 노루또) : 택시를 타면　＊5分しか かかりません (고훈시까 가까리마셍) : 5분밖에 안 걸립니다.　＊何分ぐらい (난뿡 구라이) : 몇분 정도　＊かかる (가까루) : 걸리다　＊かからない (가까라나이) : 걸리지 않는다.　＊こちらは はじめてです (고찌라와 하지메떼데스) : 이쪽은 처음입니다.　＊○○を 教えて下さい (～오 오시에떼 구다사이) : ～을 가르쳐 주십시오.

＊地下鉄 (지까데쓰) : 지하철
＊地下鉄の切符 (지까데쓰노 깁뿌) : 지하철 차표　＊乗り場 (노리바) : 정류장, 타는곳, ※ 버스의 정류장과는 의미가 약간 다르다.
＊鍾閣までの 料金は (종각마데노 료～낑와) : 종각까지의 요금은
＊城北までの切符を二枚 (성북마데노 깁뿌오 니마이) : 성북까지의 차표를 2장　＊次の駅は (쏘이노 에끼와) : 다음역은　＊10分おきに 来ます (쥬훈 오끼니 기마스) : 10분 간격으로 옵니다.　＊途中で 止ります (도쮸～데 도마리마스) : 도중에 멈춥니다, 도중에 섭니다.

3. 쇼 핑

　여행의 즐거움 가운데서 빼놓을 수 없는 것이 쇼핑이다. 그러므로 쇼핑에 대한 요령을 알아두는 것도 많은 도움이 될것이다. 여기서는 쇼핑에 대한 낱말들과 그에 따른 회화를 중점적으로 알아보면서 공부해 나가기로 한다.

　한편으로는 공부하면서 한편으로는 쇼핑의 요령을 터득하는 것도 좋은 도움이 될 것이다. 쇼핑이라고 하면 우리들은 그저 막연히 돈을 주고 물건사기라고 생각하기 쉽다. 그러나 그렇게 생각하면 구태여 힘들여 번 돈을 외국이나 관광지에까지 가서 쓸 필요가 없다고 본다.

쇼핑이란 어디까지나 여행의 추억을 남길 수 있고 언제 보아도 기념이 될 만한 것을 쇼핑해야 할 것이라고 본다. 또 쇼핑에도 여행지나, 여행하는 사람의 성격·취미 등에 따라서 여러 가지로 달라지겠지만 가장 무난한 것은 두고두고 사용해도 싫증나지 않고, 사용해도 우아하고 깊은 멋이 풍기는 것으로 하면 좋을 것이다.

다음으로는 여행중에도 꼭 있어야 할 물건, 간단한 소지품을 구입하는 것도 좋다. 우리가 시내의 상점가를 지나다 보면 외국인이 이것저것 물건을 만지작거리며 무엇인가를 물어보지만 고작해야 점원들의 입에서는 "고셍엔"이니 "고햐꾸엔데스"라는 정도의 숫자만을 얘기할 뿐, 어떤 종류의 물건을 찾는 것인지도 모르고 눈치놀음을 하는 것을 목격하는 경우가 많다. (외국인 전용 상점은 그렇지 않지만) 만약 우리가 외국에 나갔을 경우라든가 국내에서 외국인을 안내해야 할 일이 생겼다면 어떻게 말해야 좋을 것인가? 옷을 찾는다면 먼저 어떤 옷을 찾는지, 그리고 어떤 칼러를 원하는지를 빨리 알 수 있어야 한다. 자신이 상대방에게 의사를 전달할 때에도 마찬가지다. 그럼 실제 회화를 시작해보자.

A. 시내의 洋品店에서

① いらっしゃいませ。何を さしあげましょうか。

② てぶくろ(手袋)を 見せてください。

③ かわの つくるものが ありますか。

④ そうですか。あ、それが よいと おも(思)うん
ですが。

⑤ あれでございますか。あれは すこしたか(高)い
ですが。

⑥ そうですか。これは いくらですか。

⑦ このごろは すべてが 高いので……。これは すこ
し やす(安)いけれども。

⑧ では これは いくらですか。

⑨ 三千五百円で ございます。

⑩ もう すこし 安いのは ないですか。

⑪ では こちらに ある くろ(黑)いのは いかがで ご
ざいますか。

⑫ あれは いくらですか。

⑬ 二千二百円で ございます。

＊내용해석 및 발음＊

① 어서오십시오. 뭘 찾으십니까? (뭘 드릴까요?)
　(이랏샤이마세. 나니오 사시아게마쇼~까)

② 장갑을 좀 봅시다.
　(데부꾸로오 미세떼 구다사이)

③ 가죽으로 만들어진 것이 있읍니까?
　(가와노 쓰꾸루모노가 아리다스까)

④ 그렇습니까, 아, 저게 좋을 것 같습니다만.
　(소~데스요. 아, 소레가 요이또 오모운데스가)

⑤ 저걸로 하시겠읍니까? 저것은 조금 비싼 것입니다만.
　(아레데 고자이마스까. 아레와 스꼬시 다까이데스가)

⑥ 그렇습니까? 이것은 얼마죠?
　(소~ 데스까. 고레와 이꾸라데스까)

⑦ 이정도는 비싼편이고, 이건 좀 값이 싸기는 합니다만……
　(고노고로와 스베데가 다까이노네, 고레와 스꼬시 야스이 게레도모)

⑧ 그럼 이것은 얼맙니까?
　(데와 고레와 이꾸라데스까)

⑨ 3천 5백엔입니다.
　(산생 고햐꾸엔데 고자이마스)

⑩ 더 싼 것은 없읍니까?
　(모~스꼬시 야스이노와 나이데스까)

⑪ 그럼 이쪽에 있는 까만 것은 어떻습니까?
　(데와 고찌라니아루 구로이노와 이까가데 고자이마스까)

⑫ 저것은 얼마입니까?
　(아레와 이꾸라데스까)

⑬ 2천 2백엔 입니다.
　(니생니햐꾸엔데 고자이마스)

⑭ では これを もらいましょう。

⑮ ありがとう ございます。 何か ほか(他)には い
りませんか。

⑯ そうですね。あ、くつした(靴下) がほしいんだが。

⑰ はい、わかりました。ナイロンで ございますか、け
いと(毛糸) で ございますか、でなければ わめん
(木綿) でございますか。

⑱ 天氣が さむ(寒)いですから けいとのが よかうよ。

⑲ あ、そうですか。では あの くつしたは いかがで
ございますか。

⑳ それで よい。これは いくらですか。

㉑ 九百円で ございます。

㉒ じゃ、これを さんぞく(3足) もらいましょう。
その ほかは いりません。

㉓ はい、かしこまりました。じゃ てぶくろと くつし
た 3足で いくらですか。

㉔ あの 手袋が 二千二百円で、くつした 3足で 二
千七百円，全部で 四千九百円に なりました。

⑭ 그럼 이걸 사겠읍니다.
　(데와 고레오 모라이마쇼~)

⑮ 감사합니다. 뭐 다른 것은 필요한게 없으신가요?
　(아리가또~고자이마스. 나니까 호까니와 이리마셍까)

⑯ 그렇군요. 아, 양말이 필요합니다만.
　(소~데스네. 아, 구쓰시다가 호시인다가)

⑰ 네, 알겠읍니다. 나일론제품으로 하시겠읍니까,　모직으
　로 하시겠읍니까, 아니면 목면으로 하실까요.?
　(하이, 와까리마시다. 나이론데고자이마스까, 게이또데　고자이마
　스까, 데나께레바 와멘데 고자이마스까)

⑱ 날씨가 추우니까 털실로 짠것이 좋겠군요.
　(멩끼가 사무이데스까라 게이또노가요까우요)

⑲ 아, 그렇습니까? 그럼 저기 있는 양말이 어떠실지.
　(아, 소~데스까. 데와 아노 구쓰시다와 이까가데 고자이마스까)

⑳ 그거면 됐읍니다. 이건 얼맙니까?
　(소레데 요이. 고레와 이꾸라데스까)

㉑ 9 백엔입니다.
　(규-햐꾸엔데 고자이마스)

㉒ 그럼 이걸로 3 켤레를 사죠. 다른건 필요없읍니다.
　(쟈, 고레오 산조꾸 모라이마쇼~. 소노호까와 이리마셍)

㉓ 네, 알겠읍니다. 그럼 장갑하고 양말 3 켤레면 얼맙니까?
　(하이, 가시꼬마리마시다. 쟈 데부꾸로또 꾸쓰시다 산조꾸데　이꾸
　라데스까)

㉔ 장갑이 2 천 2 백엔이고 양말 3 켤레에 2 천 7 백엔, 전부가
　4 천 9 백엔이 되겠읍니다.
　(아노 데부꾸로가 니셍니햐꾸엔데, 구쓰시다 산조꾸데 니셍 나나햐
　꾸엔, 쳄부데 욘셍 규햐꾸엔니 나리마시다)

㉕ さあ、ここに あります。
㉖ ありがとうございました。さようなら。

㉕ 자, 여기 있읍니다.
   (사아, 고꼬니 아리마스)
㉖ 감사합니다. 안녕히 가십시오.
   (아리까또~ 고자이마시다. 사요~나라)

□ 표현 및 발음연구 □

ようひんてん(洋品店)에서 나누는 대화라고 해서 특별히 다른 말을 사용하는 것은 아니지만 독자의 편의를 위해서 의도적인 상황을 삽입해 봤다.

① 에서의 いらっしゃいませ는 "いらっしゃい"나 같은 뜻임. さしあげましょうか는 "바칠까요 → 올릴까요 → 드릴까요?" 에 해당하므로 「何を(나니오)」가 붙으면 "무엇을 드릴까요? ⇨ 뭘 찾으십니까?"라는 뜻이 된다. 특히 초보자의 경우는 さしあげ의 「さ(사)」와 たちつてと의 「ち(지)」를 정확히 구분해야 한다.

④ 의 경우처럼 「~라고 생각됩니다만」이라고 할 때 비슷한 표현이지만 「~라고 생각합니다만」으로 바꾼다면 『~と 思いますが』라고 해야 할 것이다. 끝의 が는 콧소리처럼 발음한다.

⑤ 의 회화에서 보는 것처럼 일본인들은 값이 「싸다」, 「비싸다」라고 할 때 「やすい」, 「たか(高)い」라고 한다. 그러므로 그들이 가격을 물어보고 「たかいね! (다까이 네!)」라고 말했다면 그것은 "비싼데!"라는 뜻이다. 「약간~하다」, 「조금~하다」라고 할 때 「적을小자」를 쓰지않고 반드시 少 자를 써서 「少し(스꼬시)」라고 하는 점에 착오가 없어야 한다. 高자 역시 「高さ(다까사)」 로 쓰면 「높이」를 뜻한다.

83

B 백화점(百貨店) 에서

① いらっしゃいませ。何を おみせいたしましょうか。

② Tシャツを 見せて下さいませんか。

③ こちらに あるショウ・ウィンドゥ をみて下さい。

④ 青色の Tシャツは いかがでしょうか。

⑤ そうですね。なにが よいもよの シャツが ありますか。

⑥ うすむらさき色のは いかがですか。

⑦ さいしんりゅうこう (最新流行) のものが どの スタイルですか。

⑧ どんな色のが よいでしょうか。

⑨ どんなきじ(生地) が およろしいですか。

⑩ これは さいきん(最近)に りゅうこう(流行) の バーリモードです。

⑪ これを くらべでごらんなさい。これはいちりゅう (一流)メーカの こうきゅうひん(高級品) です。

⑫ 空いろのや むらさきなどが よいかしら。

내용해석 및 발음

① 어서오세요. 무얼 찾으십니까?
   (이랏샤이마세. 나니오 오미세 이따시마쇼~까)
② T 셔츠를 보여주시겠읍니까?
   (티샤쓰오 미세떼 구다사이마셍까)
③ 이쪽에 있는 쇼·윈도를 보시지요.
   (고찌라니 아루 쇼우윈도우오 미떼 구다사이)
④ 푸른색 T 셔츠는 어떻습니까?
   (아오이로노 티 샤쓰와 이깡아데쇼~까)
⑤ 글쎄요. 뭐좀 근사한 무늬가 있는 셔츠가 있읍니까?
   (소~데스네, 나닝아 요이모요노 샤쓰가 아리마스까)
⑥ 연한 보라색으로 된것은 어떨까요?
   (우스 무라사끼이로노와 이깡아데스까)
⑦ 새로 유행하는 것은 어떤 스타일입니까?
   (사이신 류~꼬~노 모노가 도노 스타이루 데스까)
⑧ 어떤 색깔로 된 것이 좋을까요?
   (돈나 이로노가 요이데쇼~까)
⑨ 어떤 천(옷감)이면 되겠읍니까?
   (돈나 기지가 오요로시이 데스까)
⑩ 이것은 요즘 유행하는 '빠리·모-드'입니다.
   (고레와 사이껜니 류~꼬~노   빠리·모드 데스)
⑪ 이걸 비교해 보십시오. 이것은 일류 메이커의 고급품 입니
   다.
   (고레오 구라베떼 고란나사이. 고레와 이찌류~메-카노 고~뀨~
   힌 데스)
⑫ 하늘색이나 보 라색으로 된것이 좋을지 모르겠군요.
   (소라이로노야 무라사끼나도가 요이까시라)

⑬ かしこまりました。これは いかがでしょうか。

⑭ それは 大きかしら

⑮ いいえ、大きくは ありません。そのほかにも 色々の シャツが たくさん あります。

⑯ これは しょうけん(正絹) ですか。

⑰ はい、そうです。おねたん(値段) も たいへん おとく(得) です。

⑱ これを よく ほうそう(包装) して下さい。

⑲ はい、ありがとうございます。

⑳ そらいろ(空色)の チェクもよう(模様)がある ネクタイが ありますか。

㉑ はい。よいものを そろえております。これは いかがですか。

㉒ これが き(氣)に 入りました。これはきぬ(絹) ですか。

㉓ はい。もちろん しょうけん(正絹) です。

㉔ これと おな(同)じもよの ものが もう一つ ありますか。

⑬ 잘 알겠읍니다. 이것은 어떻습니까?

   (가시꼬마리마시다. 고레와 이깡아데쇼~까)

⑭ 그건 클거 같은데요.

   (소레와 오~끼까시라)

⑮ 아니에요, 크지않아요. 그 외에도 여러가지 셔츠가 많이 있읍니다.

   (이~에 오~끼꾸와 아리마셍. 소노 호까니모 이로이로노 샤쓰가 닥상 아리마스)

⑯ 이건 실크인가요?

   (고레와 쇼~껜 데스까)

⑰ 네, 그렇습니다. 값도 아주 헐값이구요.

   (하이, 소~데스. 오네당모 다이헹 오도꾸 데스)

⑱ 이것을 잘 포장해 주십시오.

   (고레오 요꾸 호~소~시떼 구다사이)

⑲ 네, 감사합니다.

   (하이. 아리가도 고자이마스)

⑳ 하늘색 체크무늬가 있는 넥타이가 있읍니까?

   (소라이로노 체크모요가 아루 넥타이가 아리마스까)

㉑ 네. 좋은 것으로 여러가지를 갖추고 있읍니다. 이것은 어떻습니까?

   (하이. 요이 모노오 소로에떼 오리마스. 고레와 이깡아데스까)

㉒ 이것이 마음에 드는군요. 이것은 견직입니까?

   (고레가 기니 이리마시다. 고레와 기누데스까)

㉓ 네. 물론 순견이지요.

   (하이. 모찌롱 쇼~껜 데스)

㉔ 이것과 똑같은 무늬로 된것이 하나 더 있읍니까?

   (고레또 오나지모요노 모노가 모~히도쓰 아리마스까)

㉕ 同じもよが ありませんでした。これ 一つきりな
んです。これは いかがでしょうか。

㉖ それも よいね。これを もらいましょう。 全部で
いくらですか。

㉗ Ｔシャツが ３千５百円で、ネクタイが２千２百円
ですから 全部で ５千７百円で ございます。これ
です。ありがとうございます。

◎ 낱말 및 발음 ◎

＊ **買物**(가이모노)：물건사기, 쇼핑

＊ **買う**(가우)：사다 ＊ **売る**(우루)：팔다 ＊ **払う**(하라우)：지
불하다.

＊ **定価**(데이까)：가격, 값 ＊ **正札**(쇼후다)：정찰, 가격표

＊ **高い**(다까이)：비싸다 ＊ **安い**(야스이)：싸다 ＊ **商店**(쇼멘)
：가게, 상점 ＊ **くつ1足**(구쯔 잇쇼꾸)：구두 한켤레 ＊ **全部**
でいくら(젬부데 이꾸라)：전부 얼마 ＊ **安くして**(야스꾸시떼)：
싸게해서

＊ **何を 買いましたか。**(나니오 가이마시다까)：무엇을 사셨읍니
까? ＊ **何を さしあけましょうか。**(나니오 사시아게마쇼〜까)：
무엇을 드릴까요? ＊ **包んで下さい**(쓰쓴데 구다사이)：포장해주
시오.

＊ **無税で買えますか。**(무제이데 가에마스까)：면세로 살 수 있읍
니까? ＊ **これを もらいましょう**(고레오 모라이마쇼〜)： 이걸
주시오(이것을 사겠읍니다).

㉕ 같은 무늬가 없읍니다. 이것 하나밖에 없군요. 이건 어떻
실지.
(오나지 모요가 아리마셍데시다. 고레 히도쓰 기리난데스. 고레와
이깡아데쇼~까)

㉖ 그것도 괜찮군요. 이것으로 하지요. 모두 얼마인가요?
(소레모 요이네. 고레오 모라이마쇼~. 젬부데 이꾸라데스까)

㉗ T 셔츠가 3천 5백엥이고, 넥타이가 2천 2백엥이니까 모
두 5천 7백엥이 되는군요. 여기(계산서)있읍니다. 감사
합니다.
(티 샤쓰가 산셍 고햐꾸엔데, 넥타이가 니셍 니햐꾸엔 데스까라
젬부데 고셍 나나햐꾸엔데 고자이마스. 고레데스 아리가도 고자
이마스)

□ 표현 및 발음연구 □

백화점(ひゃっかてん=햐까멘)의 고객 유치작전은 우리나라의
경우만 보더라도 극성(?)이 절정에 달하는 정도이다.
일본이라고 해서 다를 건 없지만 필요 이상으로 강매하지는 않는
다.

손님이 찾아오면 우리와 마찬가지로 "어서오세요"라는 말에 해
당하는 것이 『いらっしゃいませ』이다. 日語를 배우지 못한 사람
도 "이랏샤이"라든가 "사요~나라" 와 같은 말들은 익히 들어서
알고 있으리라 믿는다,

"何を おみせいたしましょうか。(나니오 오미세 이따시마쇼~까)"
는 「뭘 찾으십니까?」⇨『무엇을 드릴까요?』라는 뜻으로. 점원
이 손님에게 묻는 말이다. 여기서 주의할 것은 何をの 「を」와 お
みせの 「お」를 어떻게 하느냐, 즉 이어서 발음하느냐, 아니면 사

이를 두느냐가 문제인데 「を」를 발음한 다음 잠깐만(극히 순간적
으로)끊었다가 「お」를 조금 약하게 해서 "おみせ〜"와 같이 말해
야 할 것이다.

②번 회화의 「T셔츠」는 "T シャツ"로 발음해야 하며 「Y셔츠」
의 경우도 마찬가지이다. 여기서는 「T셔츠」로 했지만 "Y シャツ
(와이 샤쓰)"일 경우에는 특히 발음에 주의해야 하는데 만약 발음
을 실수해서 "わいせつ(와이세쓰)"라고 하면 「천하고 난잡함. 음
탕함・추잡하고 음란한 행위」의 뜻으로 바뀌며 「わいざつ(와이자
쓰)」의 경우에도 비슷한 의미가 된다. 「わいだん(와이담)」이니
「わいほん(本)＝음담 패설을 내용으로 엮은 책(와이 혼)」이라 는
말을 들은 경험이 있는 독자라면 이해가 쉬울 것이다.

일본어를 처음 대하는 독자라면 누구나 회화 ⑥번의 경우를 어
색하다고 생각할 것이다. 간단히 "연보라색은 어때요?"라고 물
으면 되는 것을 왜 일부러 까다롭게 「〜의(の)」를 삽입했는지 이
해가 안되는 것이 사실이다. 그러나 이것이 일본어의 구성 형태
이므로 그대로 외우는 것이 좋다. 가령 하얀 블라우스를 찾는 손
님이 있을 때에도 「흰(블라우스는)것은 없습니다」를 "しろ(ブラ
ウス)は ありません"이라고 하지않고 「しろいろのは ありません
(시로이로노와 아리마셍)」으로 말해야 한다.

「の」를 삽입하는 경우는 그 러한 경우 이외에도 번역에서는 빼
버리지만 회화나 日語로 그것을 옮길때에는 반드시 삽입해야 하
는 경우가 많다.

「그분은 영어선생입니다」를 영어로 옮기면 "He is an English
teacher." 가 된다는 것쯤 누구나 알 것이다. 그러나 이것을 日語
로 옮기면 "そのかたは 英語 せんせいです"가 아니고 반드시 「そ

のかたは 英語のせんせい〜。=소노 가따와 에이고 (에잉오)노 센세이〜。」와 같이 반드시 '英語'의 다음에 「の」를 삽입하는 것을 잊지말아야 한다. 우리말로 바꾸면 「영어의 선생」처럼 느껴져서 이상하겠지만 번역에서는 「의」가 필요없게 되므로 혼돈해서는 곤란하다.

회화 ⑦ , ⑨ , ⑩ 번 등에 나오는 한자음(漢字音)을 일부러 배우기 쉽게 일어로 풀어썼지만 일본인들은 이런 경우에 한자(漢字)를 그대로 쓰고있으며 그중에는 우리가 쓰는 한자음과 비슷한 것도 많이 있으므로 유의하기 바란다.

흔히 옷감을 팔고있는 시장에 가보면 아직도 옷감(천)을 고를 때 "기지"가 어때요?라든가 "기지가 국산입니까? 외제입니까?" 라고 묻는 것을 들을 수 있는데 이것은 일본말의 「きじ(生地)」를 그대로 받아들여 입에서 굳어진 것이므로 일본인을 상대로 대화하는 경우를 제외하고는 사용하지 않는 것이 좋을 것이다.

우리말의 「〜하지 않습니다」에 해당하는 말이 "〜くは ありません"즉 ⑮ 의 회화에서 보는 것과 같다. 그러므로 앞부분만 바꿔주면 얼마든지 다른 표현이 가능하다.

*大きくは ありません。(오〜끼꾸와 아리마셍) -크지는 않습니다. —

*しろ(百)くは ありません。(시로꾸와 아리마셍) — 하얗지는 않습니다. —

4. 열차여행

A. 역(駅)에서

① ソウル行の きゅうこう（急行）きっぷ（切符）を 下さい。

② 何日のですか。

③ あすの朝，10時 急行列車の 寝台券を お願います。

④ あいにくですが，10時列車は ございません。

⑤ では、何時に 出發しますか。

⑥ 每朝，6時です。

⑦ 料金は いくらですか。

⑧ 3千5百ウォンです。バカンス．シーズンには 1週間前にも 予約ができます。

⑨ では、あすの切符を下さい。午前6時の 切符でございます。料金です。

⑩ はい、どうぞ。

⑪ その列車は 午前6時に出ます。

⑫ この汽車は 午後7時にソウルに着きます。

＊내용해석 및 발음＊

① 서울행 급행표를 주십시오.
　(서울 유끼노 규～꼬～깁뿌오 구다사이)
② 며칠자 표를 원하시는지요？ (며칠날 것을 사시겠읍니까？)
　(난 니찌노 데스까)
③ 내일 아침 10시 급행열차 침대권을 부탁합니다.
　(아스노 아사, 쥬～지 뀨～꼬～렛샤노 신따이껭오 오네가이마스)
④ 안됐읍니다만, 10시 열차는 없읍니다.
　(아이니꾸데승아 쥬～지 렛샤와 고자이마셍)
⑤ 그럼, 몇시에 출발합니까？
　(데와, 난지니 슈빠스시마스까)
⑥ 매일 아침 6시입니다.
　(마이아사 로꾸지데스)
⑦ 요금은 얼마입니까？
　(료～낑와 이꾸라데스까)
⑧ 3천5백원 입니다. 바캉스・시즌에는 일주일 전에도 예
　약을 할 수 있읍니다.
　(산셍 고햐꾸원데스. 바캉스・시즌니와 잇슈깐 마에니모 요야꾸가
　데끼마스)
⑨ 그럼, 내일 표를 주십시오. 오전 6시 차표로 주세요. 요
　금 여기 있읍니다.
　(데와, 아스노 깁뿌오 구다사이. 고젠 로꾸지노 깁뿌데　고자이마
　스. 료～낑 데스)
⑩ 네, 그렇게 하십시오.
　(하이, 도～조)
⑪ 그 열차는 오전 6시에 출발합니다. (떠납니다)
　(소노 렛샤와 고젠 로꾸지니 데마스)
⑫ 이 기차는 오후 7시에 서울에 도착합니다.
　(고노 기샤와 공오 시찌지니 서울 니 쓰끼마스)

⑬ 何時に 到着しましたか。

⑭ 急行列車で 釜山から ソウルまで 何時間かかります
か。

⑮ 5時に ソウル行きの ふつれっしゃ（普通列車）が
あります。

⑯ 午前6時の 急行列車は 2番ホームから 出發します。（出ます）

⑰ 急行の 座席券を 買えますか。

⑱ あなたは どちらまで 行かれますか。

⑲ 14日午前 ソウル行きの列車を 乗りたいのですが。

⑳ その列車は 午後8時40分に 着きます。

㉑ 釜山行の 急行列車は いつも 混雑します。

㉒ 切符売場は どちらにありますか。

㉓ 向こうの コーナです。見えますか。

㉔ はい。ありがとうございます。

㉕ どういたしまして。ブサン行きの 出札口は こち
らで、大田行きのは あちらです。

◎ 낱말 및 발음 ◎

＊ 出札口（슷사쓰구찌）：매표구　＊ 切符自動販売機（집뿌　지도～
함바이끼）：차표자동판매기　＊ 片道切符（가따미찌 집뿌）：편도표
＊ 往復切符（오～후꾸 집뿌）：왕복차표　＊ 急行（규～꼬～）：급행.
※ 발음을 "규～코～"에 가깝게 한다　＊ 入口（이리구찌）：입구.
＊ 出口（데구찌）：출구. ＊ ホーム（호～무）：플렛포옴＝platform.

⑬ 몇시에 도착했읍니까?
  (난지니 도짜꾸시마시다까)
⑭ 급행열차로 부산에서 서울까지 몇시간 걸립니까?
  (규~꼬~렛샤데 부산까라 서울마데 난지깐 가까리마스까)
⑮ 5시에 서울행 보통열차가 있읍니다.
  (고지니 서울 유끼노 후쓰 렛샤가 아리마스)
⑯ 오전 6시 급행열차는 2번 홈에서 출발합니다.
  (고젠 로꾸지노 규~꼬~렛샤와 니반 호~무 까라 슈빠스 시마스
  (데마스))
⑰ 급행 좌석권을 살 수 있읍니까?
  (규~꼬~노 자세끼껭오 가에마스 까)
⑱ 댁은 어디까지 가십니까?
  (아나따 와 도찌라 마데 유까레마스까)
⑲ 14일 오전 서울행 열차를 타려고 합니다만.
  (쥬~욕까 고젠 서울 유끼노 렛샤오 노리따이노 데승아)
⑳ 그 열차는 오후 8시40분에 도착합니다.
  (소노 렛샤와 고고(공오) 하찌지 욘집뿐니 쓰끼마스)
㉑ 부산행 급행열차는 언제나 혼잡합니다.
  (부산 유끼노 규~꼬~렛샤와 이쓰모 곤쟈쓰시마스)
㉒ 매표소(표 파는곳)는 어느 쪽에 있읍니까?
  (깁뿌우리바 와 도찌라니 아리마스 까)
㉓ 저쪽 코너입니다. 보입니까?
  (무꼬~노 코~나 데스. 미에마스 까)
㉔ 네. 감사합니다.
  (하이. 아리가도 고자이마스)
㉕ 별말씀을. 부산행 출찰구는 이쪽이고, 대전행은 저쪽입니다.
  (도~이따시마시떼. 부산유끼노 숫사쓰구찌와 고찌라데, 대전유끼노
  와 아찌라데스)

□ 표현 및 발음연구 □

앞에서도 약간 언급한바 있거니와, 「の」의 쓰임새에 대하여 다시 확인하고 넘겨 주는게 좋겠다.

즉, ① 번 회화의 앞부분에서 「서울행 급행」을 말할 때 단순히 "ソウル行 急行"으로 끝나면 좋을 것을 서울行에「の」를 덧붙여 복잡하게 (?)만든 것이 문제가 되는 것이다. 우리말로 할때는 가령 「일본어 선생」, 「한국어 선생」등으로 가능하지만, 그것이 日本語로 바뀌는 경우라면 귀찮아도 별수 없이 「の」를 삽입해서 "日本語の 先生(니홍고노 센세이)"라든가 "韓國語の 先生(강고꾸고노 센세이)"로 읽고 써야 한다는 것을 재삼 강조해둔다.

② 번의 「何日のですか。(난니찌노데스까)」는 の와 です까의 사이에 「切符(깁뿌)」가 생략되어 있다고 봐야한다.

④번의 「あいにく (아이니꾸)」는 "공교롭게도", "형편이 좋질 않아", "미안하게 (뜻대로 안되어)"등의 뜻으로 쓰이며 한자로 「介憫」를 쓰기도 한다.

⑧번의 회화에서는 우리나라의 화폐단위를 말하는 것이기 때문에 「원」을 삽입했지만 日本語로는 정확한 발음이 없으므로 "ウォン"으로 대신한다. 「ォ」를 반드시 작은 글씨로 써야한다.

「1주일 전에도」를 말할 때 "1 週日前にも"라고 하지않고 「1 週間～」이라고 한 것은 「일주일」이라는 날짜의 간격을 의미하기

때문에 이러한 경우에는 반드시 "1週間(잇슈~깐)"으로 표현하는 것이 옳을 것이다.

⑨ 번의 「料金です(료~낑 데스)」는 "요금입니다." 또는 " 요금 받으십시오.", "여기 있읍니다."라는 뜻.

⑪ ~⑬ 까지를 살펴보면 「출발, 떠남」과 「도착, 닿다」등의 표현이 각기 두가지씩 쓰인 것을 볼 수 있는데 경우에 따라서 「출발합니다. (떠납니다)」를 "出發します、~に 出ます"로, 「도착했읍니까? (닿습니까?)」를 "到着しましたか(도짜꾸시마시다까)", "~に 着きますか(쓰끼마스까)」로 말할 수 가 있다.

⑭ 의 경우처럼 「~에서 ~까지」를 『○○から ×× まで』로 나타낸다. 그러므로 지역명칭만 바꿔주면 다양하게 활용이 가능하다. 「ソウルから 東京まで(서울까라 도~꾜~마데)」, 「金浦から羽川まで(김포까라 하네다 마데)」와 같이.

⑯번 회화의 말미에 「出ます(데마스)」를 삽입해놓은 것은 "出發します(슈빠스시마스)"를 쓰든 "出ます"를 쓰든 어느쪽이나 비슷한 의미가 되므로 어느 한쪽을 사용해도 마찬가지라는 뜻.

⑰ 번의 끝부분 「買えますか(가에마스까)」는 「~か できますか」와 비슷하게 생각하면 된다.

⑲ 번의 회화에서 주의할 것은 「14일오전」을 말할 때 여기서 의 14日이란 기간이 아닌 지정된 날짜를 뜻하므로 "쥬~요니찌 고젠"이라고 하지않고 반드시 『쥬~욕까 고젠』으로 말해야 한다.

㉒ 번의 회화에 나오는 「切符売場(깁뿌우리바)」는 "표를 파는 곳 → 매표소"를 뜻한다.

㉕번의 「出札口」는 "슛사쓰구찌"로 발음하며 히라가나로 표기하면 しゅっ さつくち가 된다.

B. 車内에서

① 赤帽さん, この かばんを 私の席まで 運んで下さい.

② この列車は 大田で とまりますか.

③ これは 釜山行きの列車ですか.

④ この列車には 食堂車がありますか.

⑤ さあ, よく わかりません.

⑥ この座席は 予約済みですか.

⑦ 車掌さん, ここは どこですか.

⑧ ここは クーミです. 今, 少し 長いトンネルを とおります.

⑨ あなたは どちらまで 行きますか.

⑩ 有名な 港町の 釜山までです.

⑪ はい, そうですか. あなたは 日本語が分かりますか.

⑫ はい. けれども まだ よくは 分かりません.

⑬ 英語の會話も できますか.

내용해석 및 발음

① 포터(짐꾼), 이 가방을 내 자리까지 옮겨주시오.
  (아까보~상, 고노 가방오 와따시노 세끼마데 하꼰데 구다사이)

② 이 열차는 대전에 정차합니까?
  (고노 렛샤와 대전데 도마리마스 까)

③ 이게 부산행 열차입니까?
  (고레와 부산 유끼노 렛샤 데스까)

④ 이 열차에는 식당차가 있읍니까?
  (고노 렛샤니와 쇼꾜도샤가 아리마스까)

⑤ 저어, 잘 모르겠읍니다.
  (사아, 요꾸 와까리마셍)

⑥ 이 자리(좌석)는 예약되었읍니까?
  (고노 자세끼와 요~야꾸 쓰미 데스까)

⑦ 차장, 여기가 어딘가요?
  (샤쇼상, 고꼬와 도꼬데스 까)

⑧ 여기는 구미입니다. 지금 약간 긴 턴넬을 지납니다.
  (고꼬와 구미데스. 이마, 스꼬시 낭아이 턴네루오 도오리마스)

⑨ 댁은 어디까지 가십니까?
  (아나따와 도찌라마데 유끼마스 까)

⑩ 항구도시로 유명한 부산까지 갑니다.
  (유메이나 미나또마찌노 부산마데데스)

⑪ 네, 그러십니까. 댁은 일본어를 아십니까?
  (하이, 소~데스 까. 아나따 와 니홍고(니뽕고)가 와까리마스 까)

⑫ 네. 하지만 아직 잘 알지는 못합니다.
  (하이. 게레도모 마다 요꾸와 와까리마셍)

⑬ 영어회화도 하십니까?
  (에잉오노 가이와모 데끼마스 까)

⑭ はい. 少し 出来ます.

⑮ 私も 英語を ならいました. けれども また 會話が 出来ません.

⑯ 何日ごろ 東京に お帰りますか.

⑰ 来週 火曜日の 航空便を 予約しました.

⑱ あなたは 韓國の 方ですね.

⑲ 自己紹介もないね. 私は 山田太郎です.

⑳ 私の 名前は 張一です. 韓國には こんどが はじめてですか.

㉑ はい, そうです. 私の 旅行の目的は 観光旅行です.

㉒ どちらまで おいでに なりますか.

㉓ 濟州まで 参ります.

＊＊＊＊＊＊＊＊＊＊＊＊＊＊＊＊＊＊＊＊＊＊＊＊＊＊＊＊

㉔ 水原驛には 何時ごろ 着きますか.

⑭ 네. 약간은 합니다.
　(하이. 스꼬시 데끼마스)
⑮ 저도 영어를 배웠읍니다. 하지만 아직 회화를 하지는 못
　합니다.
　(와다구시모 에잉오 오 나라이마시다. 게레도모 마다 가이와 가 데
　끼마셍)
⑯ 언제 (며칠)쯤에 동경에 돌아가십니까?
　(난니찌고로 도~꾜 니 오까에리마스까)
⑰ 내주 화요일의 항공편을 예약했읍니다.
　(라이슈 가요비 노 구~꼬~빙 오 요야꾸시마시다)
⑱ 당신은 한국인이시군요
　(아나따와 강고꾸 노 가따 데스네)
⑲ 자기 소개도 안했군요. 저는 야마다·다로 입니다.
　(지꼬 쇼~까이모 나이네. 와다구시와 야마다·다로~데스)
⑳ 제 이름은 장 일 입니다. 한국에는 이번이 처음이신가요?
　(와다구시 노 나마에 와 장 일 데스. 강고꾸니와 곤도가　하지메떼
　데스까)
㉑ 네, 그렇습니다. 저의 여행목적은 관광여행 입니다.
　(하이, 소~데스. 와다구시노 료꼬노 모꾸떼끼 와　강꼬~료꼬~데
　스)
㉒ 어디까지 가시는지요?
　(도찌라마데 오이데니 나리마스까)
㉓ 제주까지 갑니다.
　(제주 마데 마이리마스)

****

㉔ 수원역에는 몇시경에나 도착할까요?
　(수원에끼니와 난지고로 스꼬마스까)

㉕ 1時間20分しか かかります. 約4～5分後に　水
　　原に 到着します.

㉖ 水原から ソウルまでは どのぐらい どおいですか.

㉗ ここから バースで 1時間30分なら じゅうぶんで
　　す.

㉕ 1시간 20분 밖에 안걸립니다. 약 4~5분 후에 수원에
도착합니다.
(이찌지깐 니쥬~뿡 시까 가까리마스. 야꾸 시고훈 고니 수원니 도
짜꾸시마스)

㉖ 수원에서 서울까지는 얼마나(어느정도) 먼가요?
(수원까라 서울마데와 도노구라이 도오이 데스까)

㉗ 여기에서 버스로 1시간 30분이면 충분합니다.
(고꼬까라 바~스 데 이찌지깐 산쥬뿐나라 쥬~분 데스)

□ 표현 및 발음연구 □

"아까보~상(赤帽さん)"이라는 말은 日本등지에 여행을 해본 경험이 없으면 처음 들어보는 말일 것이다. 만약 여행중의 회화가 아닌 다른 부분에 이러한 표현이 나온다면 정말 어리둥절 하기가 쉽상이다. 우리말로 옮겨보면 「짐을 날라다 주는 사람」, 또는 「짐꾼」에 해당하며 영어의 경우라면 "포터(porter)"가 될 것이다. 즉, 빨간 모자를 쓴 짐꾼을 생각하면 쉽게 납득이 갈 것이다.

특히 ①번 회화의 "かばん(가방)"은 지금 우리말로 굳혀서 사용하고 있는 대표적인 케이스라고 할 수 있겠다.

②번 회화의 경우처럼 "~에 정차합니까?" 또는 "~에 섭니까?"를 「~で とまりますか.」라고 하는데, 만약 「○○역에 정차하면 ~하십시다」하고 말하려면 "○○驛に 氣車が 止まると ~しましょう. (○○에끼니 기샤가 도마루또~시마쇼―.)"라고 표현 할 수가 있다. 「정차할 때」라고 바꾸려면 "止まる時(도마루 도끼)"로 하면 된다. 즉 원형에 덧붙여 변화시킴에 따라 각기 다른 표현을 구사할 수가 있으므로 이외의 경우에도 얼마든지 활용할 수가 있다.

【例】「たべる (다베루) ＝먹다」, 「たべると (다베루또) ＝먹으면」,
「たべる時(다베루 도끼) ＝먹을 때」등과 같이 변화시킨다. 여기서
주의할 것은 먹는 음식을 말하는 경우에도 음료수 따위를 일컫는
말은 「のむ(노무) ＝먹다; 마시다」, 「のむと (노무또) ＝먹으면; 마
시면」, 「のむ時(노무 도끼) ＝먹을 때; 마실 때」로 나타내는 것이
통례임을 알아둬야 한다.

⑩번의 회화에는 「항구도시」라는 말이 나오는데 우리의 경우라
면 港都 釜山이라고 할 것을 그들은 이런 경우에도 「港町(미나또
마찌)の釜山」이라고 한다. 40~50代의 독자라면 들어본 기억이 있
는 말일 것이다.

⑪번 회화의 경우처럼 「일본어를 아십니까? (日本語が 分かり
ますか＝니홍고가 와까리마스까)」라고 말할 때 “닙뽕고”로 할 것
인가, 아니면 “니홍고”라고 발음을 하느냐를 생각하게 되는 경우
가 있다. 물론 “닙뽕고”보다는 “니홍고”가 부드럽고 자연스러운
발음임에는 틀림이 없다. 다만 「二本(니혼)」과 같은 경우에 이를
구분하기 위해서는 日本을 “닙뽕”으로 발음하는 것이 편리하다는
예를 생각할 수도 있으나 지금은 거의 쓰지 않으며 특별한 경우
라면 「연필 3자루를 주십시오(えんびつを 三本下さい＝엠삐쓰오
삼뽄 구다사이)」라고 하며 “산혼 구다사이”라고는 하지 않는다는
것이다. 그러므로 두가지로 발음이 적혀있다 하더라도 이를 혼동
하는 일이 없어야 한다.

⑬번 회화의 「英語の會話(에잉오노 가이와)」는 원래 “에이고노
가이와”를 콧소리로 처리한 것이므로 “에·잉·오”처럼 떼어서 발
음하면 안된다. 즉 “에잉오”를 붙여서 발음하되 “에이고”에 가까
운 느낌이 들도록 해야 한다.

⑰번 회화에서 주의할 것은「航空便」을 말할 때 "구~꼬~빈"을 어떻게 발음하느냐가 중요한데 이것은「航空便」의 뒤에 「を(오)」가 붙여지느냐, 아니면「の(노)」가 붙느냐에 따라서「便」의 발음이 달라져야 한다. 만약 "の"가 붙여진다면 당연히 "빈"으로 발음해야 한다.

⑱번의 회화를 읽고 약간 의아한 생각을 가지는 독자도 있을 것이다. 왜「韓國人(강고꾸진)」으로 하지 않고「韓國の方(강고꾸노가따)」로 했을까?라는 의문이 그것인데, 우리도 초면인 사람끼리 만나면 반드시 존칭어를 쓰는 것처럼 일본어에서도 마찬가지라고 생각하면 무난하다. 만약 이것을,

「あなたは 韓國人です ね. (아나따와 강고꾸진데스 네)」

라고 말하면 존칭은 싹 빠지고 "당신은 한국인이로군"하는 것처럼 오만불손한 말이 되어버린다.

⑳번의 회화에서도 자신과 상대방을 지칭할 때 달리 쓰이는 표현을 다루었는데「名前(나마에)」, 즉 이름을 말하는 경우에도 자신을 칭할 때는「名前」이라 하고 상대방의 이름을 말하는 경우에는 반드시「お」를 붙여서「お名前(오나마에)」라고 해야 한다.

㉑번의 한자(漢字)읽기에서 보는 것처럼 観光旅行은 "강꼬~료꼬~"로 읽지만「世界の旅」와 같은 경우는 "세까이노 료"가 아니라 "세까이노 다비"라고 읽어야 함을 기억해두자.

5. 觀光案內

　「관광안내」라고 하면 단순한 직업적인 경우와 거래나 직업상 안내를 도와야 하는 경우, 그리고 친분이 있는 사이라면 거래나 직업을 떠나서도 있을 수 있는 일이다.

　안내의 목적이야 어디에 있든 우선 상대방이 우리나라의 어떤 것에 흥미를 갖고 있는지를 미리 파악해서 본인의 일정에 알맞는 계획을 세워두는 것이 중요하다.

A. 日本人과 함께 서울에서

① 観光旅行の よてい(予定)は 何週間くらいですか.

② こんど(今度)の たび(旅)は あまり 長くなったら, まず ソウルの 有名な 所が よいかしら.

③ 時間は たくさん ありますから どちらも よいです.

④ ソウルには めいしょうじ(名勝地)が いくつかあ りますか.

⑤ 案内人を おねがいます. しないけんぶつ(市内見 物)を したい.

⑥ 日本語を 話す ガイドが 欲しい.

⑦ 特に おもしろい所や しせき(史蹟)は どこに あ りますか.

⑧ まず どこから 行きましょうか.

⑨ 宮殿や はくぶつかん(博物館)を 見たいんですが.

⑩ ぜひ 見物すべき所を 3,4 教えて 下さい.

⑪ あの びじゆつかん(美術館)を 何と いいますか.

⑫ では 美術館を 見はじめましょう.

내용해석 및 발음

① 관광여행의 예정은 몇주일이나 되십니까?
   (강꼬~료꼬~노 요데이와 난슈깐구라이데스까)

② 이번 여행은 그다지 길지 않으니 먼저 서울에서 유명한
   곳이 좋을지 모르겠는데.
   (곤도노 다비와 아마리 낭아꾸낫따라 마즈 서울 노 유메이나 도꼬
   로가 요이까시라)

③ 시간은 많으니까 어디라도 상관없읍니다.
   (지깡와 닥상 아리마스까라 도쩨라모 요이데스)

④ 서울에는 명승지가 몇이나 있읍니까?
   (서울니와 메이쇼~지가 이꾸쓰까 아리마스까)

⑤ 안내인을 부탁합니다. 시내를 구경하고 싶습니다.
   (안나이닝오 오넹아이마스. 시나이 껨부쓰오 시따이)

⑥ 일본어를 하는 안내인이 필요합니다.
   (니홍고오 하나스 가이드가 호시이)

⑦ 특히 홍미로운 곳이라든가 사적은 어디에 있읍니까?
   (도꾸니 오모시로이 도꼬로야 시세끼와 도꼬니 아리마스까)

⑧ 먼저 어디부터 가실까요?
   (마즈 도꼬까라 이끼마쇼~까)

⑨ 궁전이나 박물관을 보고싶습니다만.
   (규~멘 야 하꾸부쓰깡 오 미다인데숭아)

⑩ 구경할만한 곳을 3~4군데 가르쳐 주십시오.
   (제히 껨부쓰스베끼 도꼬로 오 산, 시 오시에떼 구다사이)

⑪ 저기있는 미술관을 뭐라고 합니까?
   (아노 비쥬쓰깡오 난또 이이마스까)

⑫ 그럼 미술관을 제일 먼저 보시지요.
   (데와 비쥬쓰깡오 미 하지메마쇼~)

⑬ いいえ，博物館は いかがでしょうか．

⑭ その 建物は どこに ありますか．

⑮ 近いです．歩いて 5分ぐらいしか かかりません．

⑯ あまり 遠くは ありません．ここから バースで 4〜5分しか かからないよ．

⑰ 私は 今度が はじめてですから あなたが よい所を 案内して下さい．

⑱ ソウル市内の かんこう あんないしょ (觀光案内書)を 見せて下さい．

⑲ あの 博物館の 名前は 何といいますか．

⑳ その 博物館は 今 はいれますか．

㉑ 入場料は いくらですか．

㉒ そこは 何時に 開きますか．

㉓ あの 塔の高は どのくらいありますか．

㉔ せつめいしょ (説明書)を 賣っていますか．

⑬ 아니오, 박물관은 어떨까요?
(이이에, 하꾸부쓰깡와 이깡아데쇼~까)

⑭ 그 건물은 어디에 있읍니까?
(소노 다데모노 와 도꼬니 아리마스까)

⑮ 가깝습니다. 걸어서 5분정도 밖에 안걸립니다.
(지까이데스. 아루이떼 고훈구라이시까 가까리마셍)

⑯ 그다지 멀지는 않습니다. 여기서 버스로 4~5분 밖에 안
걸립니다.
(아마리 도~꾸와 아리마셍. 고꼬까라 버스데 시고훈시까 가까라나
이요)

⑰ 난 이번이 처음이니까 댁이 좋은 곳을 안내해 주십시오.
(와다시와 곤또가 하지메떼데스까라 아나따가 요이 도꼬로 오 안나
이시떼 구다사이)

⑱ 서울 시내의 관광안내서를 보여주십시오.
(서울 시나이노 강꼬~안나이쇼 오 미세떼 구다사이)

⑲ 저기 있는 박물관의 이름은 무엇이라고 합니까?
(아노 하꾸부쓰깐 노 나마에와 난또 이~마스까)

⑳ 박물관은 지금 개관중입니까?
(소노 하꾸부쓰깡와 이마 하이레마스 까)

㉑ 입장료는 얼마입니까?
(뉴조료 와 이꾸라데스 까)

㉒ 거기는 몇시에 엽니까?
(소꼬와 난지니 히라끼마스까)

㉓ 저 탑의 높이는 어느 정도나 됩니까?
(아노 토~노 다까와 도노구라이 아리마스까)

㉔ 설명서를 팔고 있읍니까?
(세쓰메이쇼 오 웃데이마스 까)

㉕ ここは 何んで 有名な 所ですか.

㉖ これを ごらんなさい. これは なだか (名高) いな
　りちょうじだい (李朝時代) の きねんひ (記念碑) で
　す.

◎ 낱말 및 발음 ◎

＊ **一方通行路** (입뽀～쓰～꼬～로) : 일방통행로. ＊ **車道** (샤도 ～)
: 차도　＊ **地下道** (지까도～) : 지하도　＊ **ロータリー** (로～따리)
: 로타리.　＊ **交通信号** (고쓰～싱고～) : 교통신호.　＊ **バス停留所**
(바스－데이류～조) : 버스정류장　＊ **銀行** (깅꼬) : 은행　＊ **ポス
ト** (뽀스또) : 우체통.　＊ **警察署** (게이사쓰쇼) : 경찰서.
＊ **寺院** (지인) : 사원

㉕ 여기는 무엇으로 유명한 곳입니까?

  (고꼬와 난데 유메이나 도꼬로데스까)

㉖ 이것을 보십시오. 이것은 이름난 이조시대의 기념비 입니다.

  (고레오 고란나사이. 고레와 나다까이나 리죠~지다이 노 기넹히데스)

□ 표현 및 발음연구 □

①번의 「観光旅行(강꼬~료꼬~)」는 "観光の旅(강꼬~노 다비)" 로 표현할 수도 있음.

②번 회화의 「~かしら」는 확실치 않은 사실을 뜻한다.

「~하므로 ~라도 좋다(괜찮다)」라는 표현을 하는 경우가 ③번 의 회화와 같다.

＊君は よく わかりますから いっしょうに 出發しても けっこうです. (자네는 잘 아니까 함께 출발해도 좋아＝기미와 요꾸 와까리마스까라 잇쇼~니 슛빠스시데모 겍꼬~데스)

＊お金が ありますから 何でも よろしい. (돈이 있으니까 아무래도 좋다＝오까네가 아리마스까라 난데모 요로시이)

⑤번의 회화에서 보는 것처럼 「案内人」을 말할 때는 "안나이닌" 으로, 「日本人」이라고 할 때는 "니혼진"으로 달리 발음한다.

⑨번 회화의 경우는 「博物館(하꾸부쓰깐」을 "하꾸부쓰깡" 으로 발음이 자연스레 바꾸어야 한다. 즉 뒤에 오는 것이 「を」가 붙느냐, 아니면 「で」따위가 붙여지느냐에 따라서 「ん」의 역할이 「웅」도 되고 「은」도 된다.

＊明洞へ 行く 道を 教えて下さい. (명동으로 가는 길을 가르쳐 주십시오＝명동에 이꾸 미찌오 오시에떼구다사이)

＊最寄の 公園を 教えて下さい. (가장 가까운 공원을 가르쳐 주십시오＝모요리노 고～엥오 오시에떼구다사이)

＊交番へ 行く 近道を 教えて下さい. (파출소로 가는 지름길을 가르쳐 주십시오＝고～방(こうばん)에 이꾸 지까미찌 (ちかみち)오 오시에떼구다사이)

⑭번의 「建物(다떼모노)」를 자칫 "겐모노"라든가 "겐부쓰"로잘 못 읽는 경우가 많으므로 주의해서 「たてもの」로 외워두는 것이 좋다.

⑮번의 회화는 「가깝습니다(近いです)」라는 말인데 이것을 "지까이"와 비슷한 발음을 하지 않고 "지가이"처럼 「가」를 약하게 소리내면 마치 「틀리다(違う)」는 뜻의 「징아이 (じがい)」로 들리므로 주의할 것. 「近い(지까이)」의 반대는 「遠い(도오이)」.

「～이 처음이다」라고 할 때 ⑰번의 회화에서 보는 것처럼 "～が はじめ～"로 말한다.

＊韓國には 今度が はじめてですか. (한국에는 이번이 처음이십니까? ＝강고꾸니와 곤도가 하지메떼데스까)

＊ここは はじめてです. (이곳은 처음입니다＝고꼬와 하지메떼데스)

㉑번 회화의 「入場料(뉴～죠～료～)」라는 말은 우리가 일본어로 발음하기에는 약간 까다로운 편에 속한다. 「히라가나」의 발음 그대로를 옮겨보면―「にゅうじょうりょう」, 「입장권(入場券)」은 ⇨「にゅうじょうけん(뉴～죠～껜)」. 그러나 어떤 처지나 경우를 말하는 「입장(立場)」은 사뭇 달라져 「たちば (다찌바)」라고 한다.

㉖의 「こらんなさい」는 권유의 뜻.

＊ぐらべで こらんなさい. (비교해 보세요)

＊歩いって～. (걸어가 보십시오)

B. 민예품(民藝品) 및 선물 판매장에서

① おはよう. おみやげを 見たいんですが.

② おはようございます. いらっしゃいませ. どうぞ こちらへ.

③ 日本語を 話しますか. それは たこうなんですよ.

④ ありがとうこざいます. けれとも 少ししか 話しません.

⑤ あれは 何と いいますか.

⑥ ああ, それは むかし(昔)の ひとたちが つくるにんぎょう(人形)です.

⑦ そうですか. もう きれいな にんぎょうですね. いくらですか.

⑧ お値段も たいへん お得です.

⑨ では, これを ひとつ もらいましょう. あの 大きい方は いくらですか.

⑩ 九千五百円です.

⑪ 高いね. もう 一つ ほかのものを 見せて下さい.

⑫ もう少し 安いのは ありませんか.

⑬ これは 少し 値段が 高い.

＊내용해석 및 발음＊

① 안녕하세요? 선물을 좀 볼까 합니다만.
　(오하요~. 오미야게오 미다인데승아)

② 안녕하십니까. 어서 오십시오, 이쪽으로.
　(오하요~고자이마스. 이랏샤이마세. 도오조 고찌라에)

③ 일본어를 하십니까? 그것참 다행입니다.
　(니홍고오 하나시마스까. 소레와 다꼬~난 데스요)

④ 감사합니다. 하지만 조금 밖에 못합니다.
　(아리가도 고자이마스. 게레도모 스꼬시시까 하나시마생)

⑤ 저것은 무엇인가요?
　(아레와 난또 이이마스 까)

⑥ 아, 그건 옛날 사람들이 만든 인형입니다.
　(아~, 소레와 무까시 노 히도다찌가 쓰꾸루 닝교~데스)

⑦ 그렇습니까? 정말 예쁜 인형이군요. 얼맙니까?
　(소~데스 까. 모~ 기레이나 닝교~데스 네. 이꾸라 데스 까)

⑧ 값도 아주 쌉니다.
　(오네단모 다이헹 오도구 데스)

⑨ 그럼 이걸로 하나 사겠읍니다. 저 큰 쪽은 얼마입니까?
　(데와, 고레오 히도쓰 모라이마쇼~. 아노 오오끼이호오 와 이꾸라
　데스 까)

⑩ 9500엔 입니다.
　(규셍 고햐꾸엔 데스)

⑪ 비싸군요. 하나 더 다른 것을 보여주세요.
　(다까이 네. 모~히도쓰 호까노 모노오 미세데 구다사이)

⑫ 좀 더 싼 것은 없읍니까?
　(모~스꼬시 야스이노 와 아리마생 까)

⑬ 이것은 약간 값이 비쌉니다.
　(고레와 스꼬시 네당가 다까이)

⑭ ここに とうきるい(陶器類)も 持っています.

⑮ これは 何ですか.

⑯ 李朝時代の どき(土器)で ちんき(珍貴)な ぶっけん(物件)です.

⑰ この しょうてん(商店)の カタログを 見せてくれませんか.

⑱ これで 結構です.

⑲ この しなもの(品物)は どうですか.

⑳ これに あの しなものを ぐらべで ごらん下さい.

㉑ これは なかなか すばらしいですね.

㉒ くだらじだい(百済時代)の きぼり(木刻)です.

㉓ あそこに こだい(古代)の ぶつぞう(仏像)も あります.

㉔ そうですか. それを さき(先)に 見たいんです.

㉕ これは もぞうひん(模造品)で けれとも せいこう(精巧)な ぎじゅつ(技術)が ぬきんでた さくひん(作品)です.

***   ***   ***   ***

⑭ 여기에 도자기류도 있읍니다.
  (고꼬니 도~기루이 모 못데이마스)
⑮ 이것은 무엇입니까?
  (고레와 난데스까)
⑯ 이조시대의 토기로 진귀한 물건이죠.
  (리조 지다이 노 도끼데 진끼나 북껜데스)
⑰ 이 상점의 견본책자를 보여주시겠읍니까?
  (고노 쇼~멘 노 가다로구오 미세데 구레마셍까)
⑱ 이걸로 됐읍니다.
  (고레데 겍꼬~데스)
⑲ 이 물건은 어떻습니까?
  (고노 시나모노 와 도~데스 까)
⑳ 여기에다 저 물건을 비교해 보십시오.
  (고레니 아노 시나모노 오 구라베데 고란 구다사이)
㉑ 이건 참으로 훌륭하군요.
  (고레와 나까나까 스바라시이데스 네)
㉒ 백제시대의 목각입니다.
  (구다라 지다이 노 기보리 데스)
㉓ 저쪽에 고대의 불상도 있읍니다.
  (아소꼬니 고다이 노 부쓰조~모 아리마스)
㉔ 그렇습니까. 그걸 먼저 봤으면 좋겠군요.
  (소~데스 까. 소레오 사끼니 미다인 데스)
㉕ 이것은 모조품이기는 하지만 정교한 기술이 뛰어난 작품입니다.
  (고레와 모조~힌 데 게레도모 세이꼬~나 기쥬쓰가 누껜데다 사꾸힌 데스)

***　　　***　　　***　　　***

㉖ 何を 差し上げましょうか.

㉗ あの 空いるの ネクタイを 見せて下さい.

㉘ しんじゅ(眞珠)の くびかざりが 欲しい.

㉙ 木刻したもの ネックレースが お持っていますか.

㉚ あの 白い色の イヤリングは いくらですか.

㉛ 男子用の シャツを 見せて下さい.

㉜ あの ライタは いくらですか.

㉝ ブローチも ありますか.

㉞ チェクもよの スカフは どこに ありますか.

㉟ 婦人用の アクセサリーを 見たいのです.

㊱ もっと はで(派手)な もよが ありますか.

㊲ では, これは いかがでしょうか.

㊳ こんな きじ(生地)は いかがでしょうか.

㊴ この スカフの 生地は 何んですか.

㉖ 무엇을 드릴까요?
   (나니오 사시아게마쇼~까)
㉗ 저 하늘색 넥타이를 보여 주십시오.
   (아노 소라이로 노 네꾸따이 오 미세떼 구다사이)
㉘ 진주 목걸이를 부탁합니다.
   (신쥬~노 구비가자리 가 호시이)
㉙ 목각으로 된 목걸이가 있읍니까?
   (기보리시다모노 넥클레스 가 오못데이마스 까)
㉚ 저기 흰색으로 된 이어링은 얼맙니까?
   (아노 시로이 이로노 이아링 와 이꾸라데스 까)
㉛ 남자용 셔츠를 보여주십시오.
   (오도꼬 쓰까이노 샤쓰오 미세떼 구다사이)
㉜ 저 라이타는 얼마입니까?
   (아노 라이타 와 이꾸라데스 까)
㉝ 브로치도 있읍니까?
   (부로~찌 모 아리마스 까)
㉞ 체크무늬로 된 스카프는 어디 있읍니까?
   (체크모요 노 스카프 와 도꼬니 아리마스 까)
㉟ 부인용 엑세서리를 구경하고 싶은데요.
   (후진 쓰까이 노 아꾸세사리 오 미다이노데스)
㊱ 좀 더 화려한 무늬가 있읍니까?
   (못도 하데나 모요가 아리마스 까)
㊲ 그럼, 이것은 어떻습니까?
   (데와, 고레와 이깡아데쇼~까)
㊳ 이런 옷감은 어떠신지요?
   (곤나 기지와 이깡아데쇼~까)
㊴ 이 스카프의 천은 무엇입니까?
   (고노 스카프 노 기지 와 난데스 까)

㊵ これは ウールと ナイロンです.

㊶ これは 少し はですぎます.

㊷ これを ごらん下さい.

㊸ これは いくらですか.

㊹ それは ３千２百円です.

㊺ ずいぶん 高いですね. もっと やす(安)い ものを 見せて下さい.

㊻ もっと 安いものは ありませんか.

㊼ なにか 小さい ものを ごらんに いれましょうか.

㊽ あの 大きな ものは いかがでしょう.

㊾ それは 少し 高いものですが.

㊿ これを もらいましょう.

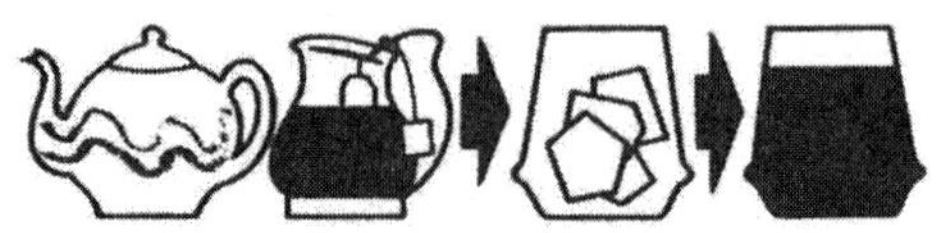

◎ 낱말 및 발음 ◎

＊どんな○○を 差しあげましょうか。(돈나~오 사시아게 마쇼~까) : 어떤 ~을 드릴까요?　＊何を 買いましたか。(나니오 가이 마시다까) : 무엇을 사셨읍니까?　＊もっと 安いものは、(못또 야스이모노와) : 더 싼 것은.

㊵ 이것은 모직과 나일론 입니다.
  (고레와 울~또 나이론 데스)

㊶ 이것은 약간 화려합니다.
  (고레와 스꼬시 하데스기마스)

㊷ 이걸 보십시오.
  (고레오 고란 구다사이)

㊸ 이건 얼맙니까?
  (고레와 이꾸라데스 까)

㊹ 그건 3200엔 입니다.
  (소레와 산셍 니햐꾸엔 데스)

㊺ 상당히 비싸군요. 좀 더 싼것을 보여주세요.
  (즈이붕 다까이데스 네. 못도 야스이 모노 오 미세떼 구다사이)

㊻ 좀 더 싼 것은 없읍니까?
  (못도 야스이 모노 와 아리마셍 까)

㊼ 뭐 좀 작은 것을 보여드릴까요?
  (나니가 지~사이 모노 오 고란니 이레마쇼~까)

㊽ 저 커다란 것은 어떠실지.
  (아노 오~끼나 모노 와 이깡아데쇼~)

㊾ 그건 좀 비싼것입니다만.
  (소레와 스꼬시 다까이모노데숭아)

㊿ 이걸 주십시오. (이걸로 하죠)
  (고레오 모라이마쇼~)

□ 표현 및 발음연구 □

우리가 외국엘 가도 마찬가지겠지만 다른나라에서의 쇼핑 (Shopping = ショッ ビング)은 상당한 즐거움 가운데 하나다.

만약 일본인(日本人=니혼징)이 서울에서 쇼핑을 즐긴다면 어떤 말들이 오고 갈것인가를 생각해보자.

그것이 민예품가게라도 좋고 양품점이래도 상관은 없겠다. 우리가 상점에 들어설 때, 대개는 "저어, 실례합니다만……"이라든가 간단한 인삿말을 던지며 들어서는가 하면 아무말 없이 물건을 고르기도 한다. 일본인들도 크게 다를바 없는것은 마찬가지이다.

우리가 점포에 손님으로 들어서면 점원이나 주인은 고객에게 "어서오십시오"라든가 "안녕하십니까?"라는 인사를 보내온다. 「いらっしゃいませ=이랏샤이마세」는 즉 우리말의 "어서오십시오"에 해당하며 영어를 하는 외국인이라면, 또는 우리가 미국의 백화점이나 상점에 들어선다면 "May I help you? (메이 아이 헬프 유?)"라는 말을 듣는 경우와 마찬가지가 되는 것이다.

우리가 외국에 갔을 때 처음 보는 순간 척 알아보고 우리말(한
국어)를 유창하게 들려줄 때의 기쁨은 무엇에 비할바가 아닐 것
이다. 만약 일본인 관광객이 점포나 사무실에 들어설 때 일본어
로 대꾸해 주면 무척 반가워서

"日本語を おぞうずに 話しますね. (니홍고오 오조~즈니 하나
시마스네)"

"それは たこうなことです. (소레와 다꼬~나 고도 데스)"
라는 말을 할른지도 모른다.

④번 회화에서 「けれとも 少ししか 話しません(게레도모 스꼬
시시까 하나시마셍=하지만 조금밖에 못합니다)」을 끝부분을 바
꿔 "少ししか できません(스꼬시시까 데끼마셍)"으로 표현하는 것
도 많이 쓰이고 있는 말이다. 반대로 상대방에게 "그렇습니까?
조금밖에 못하시는군요"라고 말하려면,

「そうですか. 少ししか できませんね. (소~데스 까. 스꼬시시
까 데끼마셍 네)」
라고 할 수 있다.

외국어를 배우려면 그 나라 사람에게서 배우는 것이 가장 정확
하다고 하겠다. 그러나 그토록 좋은 기회란 그다지 많지도 않으
며 쉬운일도 아니다. 책으로 배운 것도 아니고 어깨너머로 배웠
다면 「회화」를 유창하게 할 수는 없으리라.

「~에게서 일본어를 배웠다」라는 식으로 과거형으로 말한다면,

"私は 日本人の先生に 日本語を ならいました. ―나는 일본인
선생에게서 일본어를 배웠읍니다. (와다시와 니혼진노 센세이니 니
홍고오 나라이마시다)"

"私は アメリカ人の 先生に 英語を ならいました―나는 미국인

선생으로부터 영어를 배웠읍니다. (와다시와 아메리카진노 센세이니 에잉오오 나라이마시다)"
등으로 표현할 수 있을 것이다.

⑧번 회화에서의 「お値段も～(값도～)」라는 말은 점원이나 주인이 손님에게 하는 존댓말이다. 만약 고객이 말하는 경우라면 「お」를 붙이지 않아도 상관이 없겠다.

⑨번 회화의 「これを～もらいましょう」에서 もらい～는 「もらう(모라우＝얻다. 인수하다)」라는 원형에서 나온 것으로 "이걸로 가져가지요"와 같은 뜻이다. 漢字를 삽입해서 쓰면 「貰い」가 되며 "타인에게서 얻은 물건"을 「貰い物(모라이모노＝もらいもの)」라고도 한다.

우리말에도 "얼마입니까?"와 "얼마합니까?"가 다르듯이 일본어에서도 전자를 「いくらですか.」, 후자를 「いくらしますか.」라고 각기 달리 표현한다. 만약 몇가지의 물건을 샀을 경우 "얼마가 되겠읍니까?" 또는 "얼마로 하시겠읍니까?"라고 묻는다면,

"いくらに なりますか. (이꾸라니 나리마스 까)"

"いくらに しますか. (이꾸라니 시마스까)"
로 표현하는 것도 무방할 것이다.

「에누리를 할 수 없읍니다. (에누리가 안됩니다)」라고 말하려면 정중하게,

"すみませんが ここでは かけねが できません. (스미마셍가 고꼬데와 가께네가 데끼마셍)"

또는,

"かしこまります けれとも, 當デパートでは かけねが できない.
(가시꼬마리마스 게레도모 도오메빠또데와 가께네가 데끼나이 =

잘 알겠읍니다만, 저희 백화점에서는 값을 에누리하지 못합니다)"
등으로 표현하면 대체로 무난할 것이다.

백화점일 경우에는 몇층에 무엇이 있다는 팻말이 맨 아래층 입구에 비치되어 있으므로 일부러 안내인에게 물어볼 필요가 없지만 미처 그것을 확인하지 못했다면 "〜は 何階ですか. ("○○와 낭까이데스까": 〜은 몇층인가요?)"라고 물어볼 수 있다.

"洋品部は 何階ですか. (요〜힌부와 난까이데스 까=양품부는 몇층입니까?)"

"光學機械部は 何階ですか. (고가꾸 기까이부와 낭까이데스 까=광학기계부는 몇층입니까?)"

"それは 3階に あります. (소레와 상까이니 아리마스=그건 3층에 있읍니다.)

"それは 2階に あります. あそこに 降りいが あります. (소레와 니까이니 아리마스. 아소꼬니 오리구찌가 아리마스=그건 2층에 있읍니다. 저쪽에 내려가는 통로가 있어요.)"

"それは 5階に あります. あそこに 入口が あります. (소레와 고까이니 아리마스. 아소꼬니 이리구찌가 아리마스=그건 5층에 있읍니다. 저쪽에 입구가 있어요.)"

"エレベータは とこに ありますか. (에레베타와 도꼬니 아리마스까=엘레베이터는 어디에 있읍니까?)"

"かいたんの ひだりに あります. (가이단노 히다리니 아리마스=계단 왼쪽에 있읍니다.)"

"それは みぎのほうに あります. (소레와 미기노 호〜니 아리마스=그것은 오른쪽에 있읍니다.)"

※右の方(みぎの方)=오른쪽 방향. (미기 보다는 "밍이"에 가까운 발음임)

6. 취미생활(趣味生活)

A. 영화관람

① 今晩 映画を 一緒に 見に いらっしゃいませんか。

② ありがとう。よろこんで まいります。

③ 映画を 見に 行きましょう。

④ この町で 何か よい映画を やっていますか。

⑤ ソウル劇場では「ターザン」を 上演中です。

⑥ ピカティリーでは 何を やっているん ですか。

⑦ こんにちから「医師ジバコ」を やっています。

⑧ その映画は 昨年 アカデミー賞を 5つ 受賞しました。

⑨ 何か 面白い 映画が ありませんか。

⑩ 記録映画と 音楽映画は どちらを 見に 欲い ですか。

⑪ 私は 記録映画が 大好きです、けれとも 音楽映画も 見に 行きます。

⑫ 私は ウェスタン・ムービーが だいすきです。 あなたは？

내용해석 및 발음

① 오늘밤 함께 영화보러 가시지 않겠읍니까?
   (곰방 에이가 오 잇쇼니 미니 이쿠샤이마셍까)
② 고마워요. 가고말고요.
   (아리가도. 요로꼰데 마이리마스)
③ 영화를 보러 가시지요.
   (에이가 오 미니 이끼마쇼~)
④ 시내에서 뭐 괜찮은 영화를 하고 있읍니까?
   (고노 마찌데 나니까 요이 에이가 오 얏데이마스까)
⑤ 서울극장에서는 「타잔」을 상영하고 있읍니다.
   (서울 게끼죠~데와 다잔 오 조~엔 쮸 데스)
⑥ 피카디리에서는 무엇을 상영합니까?
   (피카디리데와 나니오 얏데이룬데스 까)
⑦ 오늘부터 「의사 지바고 」를 상영합니다.
   (곤니찌까라 이시 지바고 오 얏데이마스)
⑧ 그 영화는 작년에 아카데미 상을 5개나 받았읍니다.
   (소노 에이가 와 사꾸넨 아카데미 쇼~오 고고노쯔 주쇼~ 시
   마시다)
⑨ 뭐 좀 재미있는 영화가 없읍니까?
   (나니까 오모시로이 에이가 가 아리마셍까)
⑩ 기록영화와 음악영화는 어느걸 더 보고싶으세요?
   (기로꾸에이가 또 옹가꾸에이가 와 도찌라 오 미니 호시이 데스
   까)
⑪ 저는 기록영화가 참 좋습니다만 음악영화도 보러 갑니다.
   (와다구시와 기로꾸에이가 가 다이스끼데스 게레도모 옹가꾸에
   이가 모 미니 이끼마스)
⑫ 나는 웨스턴·무비(서부활극)가 좋습니다. 댁은?
   (와다시와 웨스딴·무-비 가 다이스끼데스. 아나따와?)

⑬ 映画は 何時に 始まりますか。

⑭ いま、予告篇を ぞうえんちゅうです。

⑮ 英語を よく 知っていますか。

⑯ 少し ならいます, けれとも 會話は また できません。

⑰ 美國の映画を 大好きですが 英語のことばを 知っていないと よく わからないです。

⑱ 會話を ならいたいのですが けれとも いまは じっとも 時間が ありませんですよ。

⑲ この 作品は たいへん 面白かったと聞きました。

⑳ きょうは たいへん ごんざつしますよ。

㉑ いま、その映画を 始まります。

㉒ 「ティ パニーで朝飯を」という 作品です。

◎ 낱말 및 발음 ◎

＊ **映画の友**(에이가노 도모)：영화의 벗.(※ 일본에서 발행되는 월간잡지). ＊ **何時に 始まりますか。**(난지니 하지마리마스까)：몇 시에 시작합니까？ ＊ **スクリーン**(스크리인)：스크린(※ スクリーン이라는 월간지도 있음) ＊ **音楽映画**(옹가꾸 에이가)：음악영화 ＊ **俳優**(하이유)：배우. **女優**(조유～)：여배우 ＊ **製作者**(세이사꾸샤)：제작자 ＊ **監督**(간또꾸)：감독 ＊ **漫画映画**(망가 에이가)：만화영화 ＊ **映画館**(에이가깐)：영화관 ＊ **試写会**(시샤까이)：시사회.

⑬ 영화는 몇시에 시작합니까?
　(에이가 와 난지니 하지마리마스 까)
⑭ 지금 예고편을 상영중입니다.
　(이마 요꼬꾸헨 오 조~엔 쥬~데스)
⑮ 영어를 잘 아십니까?
　(에이고 오 요꾸 싯메이마스 까)
⑯ 조금 배웠읍니다만 회화는 아직 못합니다.
　(소꼬시 나라이마스 게레도모 가이와 와 마다 데끼마셍)
⑰ 미국영화를 대단히 좋아하는데, 영어로 하는 말을 모르
　면 잘 이해가 되질 않아요.
　(베이고꾸 노 에이가 오 다이스끼데스가 에이고노 고도바오 싯
　메이나이또 요꾸 와까라나이 데스)
⑱ 회화를 배우고 싶기는 하지만 지금은 조금도 시간이 없
　읍니다.
　(가이와 오 나라이따이노 데스가 게레도모 이마와 짓또모 지깡
　가 아리마센데스요)
⑲ 이 작품은 대단히 재미있다고 들었읍니다.
　(고노 사꾸힝 와 다이헹 오모시로깟다 도 기끼마시다)
⑳ 오늘은 대단히 혼잡합니다.
　(교~와 다이헹 곤자쓰시마스요)
㉑ 지금 그 영화를 시작합니다.
　(이마 소노 에이가 오 하지마리마스)
㉒ 「티파니에서 아침을」이라는 작품입니다.
　(티파니~데 아사항 오 또 이우 사꾸힌 데스)

□ 표현 및 발음연구 □

　우리는 극장이라고 하면 연극공연이나 영화를 상영하는 장소를
한데 묶어서 사용하지만 영화를 상영하는 곳을 일본인들은　반드
시 「영화관(映画館＝에이가깐)」으로 구분해서 표현한다는 것을 기
억해야 한다. 「극장(劇場)」은 "게끼죠～"로 발음한다.

　새로운 영화를 만들어내는 사람들은 곧잘 「시사회(試写会)」라
는 것을 치루는데 漢字로는 日本語에서와 마찬가지며 발음은 "시
샤까이"가 된다.

　외국영화를 국내에서 상영하려면 관객을 위해 언제나 「자막(字
幕)」이라는 것을 곁들여야 하는데 이것 역시 漢字로는 같은 글자
를 쓰고 일어에서는 "지마꾸"로 발음한다.

　음식도 그렇지만 영화따위도 자기의 취향에 맞는 것을　좋아하
게 되는건 당연하다. "나는～을 좋아한다."라고 말하려면 「私は～

が すきです。」와 같이 "私は"에 자기가 하고싶은 말을 삽입하면 무난할 것이다.

"私は 記録映画が 大好きです。(나는 기록영화를 대단히 좋아 합니다. ＝와다시와 기로꾸에이가 가 다이스끼데스)"

"私は ミュジーカル·フィルムが だいすきです。(저는 뮤지컬· 영화를 무척 좋아한답니다. ＝와따시와 뮤지칼·필름 가 다이스 끼 데스)"등으로 말하고 고유명사는 カタカナ로 원래의 발음으로 적고 그렇지않은 것은 日本語 식으로 읽는다.

만약 「그 영화는 누가 감독했읍니까? (감독이 누굽니까?)」라 고 묻고 싶다면 「何の かた」, 또는 「だれが」를 삽입해서,

"その映画は だれが 監督しましたか。(소노 에이가 와 다레가 간또꾸시마시다까)"

"監督は となたですか。(간또꾸 와 도나따 데스 까)"
등으로 표현할 수 있다.

다시 漢字 읽기를 덧붙인다면 「배우(俳優)」를 "하이유", 「女優」 는 "조유", 「제작자 (製作者)」를 "세이사꾸샤"등으로 읽는다.

상대방이 영화관람을 권할 때 「무슨 영화를 상영중입니까?」라 고 물으려면 「どんな 映画を 上演中ですか。(돈나 에이가 오 조 ～엔 쮸～ 데스까)」, 또는 「何の 映画を やっているんですか。(난 노 에이가 오 얏데이룬데스까)」라고 물을 수 있다.

우수 영화상을 꼽는다면 역시 「아카데미賞」과 「오스카賞」을 국 제적인 수준으로 볼 수 있을 것이다. 이것을 日本語로 말한다면 고유명사이며 외국어이기 때문에 カタカナ(가따가나)를 써서 「ア カデミ一賞(아카데미 쇼～), 「オスカ一賞(오스카 쇼～)」로 읽는 다.

B. 라디오와 텔레비젼

① ラジオを かけましょうか。

② ニュースを 聞きましたか。

③ きょうは どんな 放送が ありますか。

④ KBSでは 今 何を 放送しますか。

⑤ ラジオでは 今夜9時から じゅうだいな ニュース
が 放送されます。

⑥ それは 聞き逃せない。

⑦ TBC-TVと MBCでは 今 何を やっていますか。

⑧ スポーツ ニュースを 放送中です。

⑨ いま ポクシングを やっています。

⑩ テレビを かけましょう。それを 見逃せ ないんで
すが。

⑪ 鮮明な映像が もう きいれいですね。

＊내용해석 및 발음＊

① 라디오를 켤까요?
(라지오 오 가께마쇼~까)
② 뉴스를 들으셨읍니까?
(뉴-스 오 기끼마시다 까)
③ 오늘은 어떤 방송이 있읍니까?
(교~와 돈나 호~소~가 아리마스 까)
④ KBS에서는 지금 무엇을 방송합니까?
(케이·비·에스 데와 이마 나니오 호~소 시마스 까)
⑤ 라디오에서는 오늘 밤 9시 부터 중대한 뉴스가 방송됩니
다.
(라지오데와 곤야 규~지 까라 쥬~다이나 뉴~스가 호~소~사
레마스)
⑥ 그건 반드시 들어 두세요. (놓쳐선 안됩니다)
(소레와 기끼노가세 나이)
⑦ TBC-TV와 MBC에서는 지금 무엇을(방영)하고 있읍
니까?
(티·비·씨-티·브이 또 엠·비·씨— 데와 이마 나니오 얏
떼이마스 까)
⑧ 스포츠·뉴스를 방송중입니다.
(스포쓰·뉴-스 오 호~소~쮸 데쓰)
⑨ 지금 권투를 방영하고 있읍니다.
(이마 복싱 오 얏데이마스)
⑩ 텔레비젼을 틉시다. 그걸 놓치고 싶지 않은데.
(테레비 오 가께마쇼~. 소레오 미노가세나인데승아)
⑪ 선명한 화면이 한결 멋있군요.
(셈메이나 에이조가 모~ 기이레이데스 네)

⑫ テレビを 見たいんですが、いま 何時でしょうか。

⑬ きの午後に やった 特別ショゥーを 見にしました
か。

⑭ 金さんは その時 お宅に いらっしゃいませんでし
たか。

⑮ きょうは なにか いい 番組みは ありませんか。

⑯ TBC−TVで 8時から プロポクシングWBC ジ
ューニア・ウェルトウェイト チャンピオンの 試
合中継が 放送されます。

⑰ まあ、金相賢と 用皆政弘の タイトル・メッチが あ
りますね。

⑱ 今, 東京 こらくえん体育館から ソウルに 実況中
継します。

⑲ ポクシング中継は テレビ放送が一番です。さあ、
いっしょうに 見ましょう。

⑳ あら！あれを こらんなさい！金君が 結局は 勝つ
しで思いますね。

㉑ だれが KOで まず 勝つでしょうか。

⑫ 텔레비젼을 보고 싶은데 지금 몇시일까요?
(데레비 오 미다인데승아, 이마 난지데쇼~까)

⑬ 어제 오후에 방영한 특별 쇼를 보셨읍니까?
(기노 공오니 얏다 도꾸베쓰 쇼~오 미니시마시다까)

⑭ 김선생은 그때 집에 계시지 않았읍니까?
(긴상와 소노 도끼 오다꾸니 이랏샤이마셍데시다까)

⑮ 오늘은 뭐좀 좋은 프로가 없읍니까?
(교~와 나니까 이이 방구미와 아리마셍 까)

⑯ TBC 텔레비젼에서 8시 부터 프로 복싱 WBC 쥬니어 웰터급 챔피언 경기 중계가 방송됩니다.
(티·비·씨 데레비 데 하찌지까라 프로복싱 따블·비·씨 쥬니어 웰터웨이트 챰피온 노 시아이 쮸~께이 가 호~소~사레마스)

⑰ 아, 김상현과 요~까이의 타이틀 매치가 있군요.
(마아, 김상현 또 요~까이 노 타이틀 매치가 아리마스 네)

⑱ 지금 동경 고라꾸엔 체육관으로부터 서울에 실황 중계를 합니다.
(이마 도~꼬 고라꾸엔 다이이꾸깐 까라 서울니 지쓰교~쮸~께이 시마스)

⑲ 권투 중계는 텔레비젼 방송이 제일입니다. 자, 함께 보시지요.
(복싱 쮸~께이 와 데레비 호~소~가 이찌방 데스. 사아, 잇쇼~니 미마쇼)

⑳ 어! 저걸 보십시오. 김군이 결국은 이길것 같군요.
(아라! 아레오 고란나사이! 깅꾼가 겍꾜구와 가쓰시데 오모이마스네)

㉑ 누가 KO로 먼저 이길까요?
(다레가 케이오 데 마즈 가쓰 데쇼~까)

㉒ 確かに 金君の方が 勝つと 思いますよ。お宅は？
㉓ 私も それでなると 思います。

◎ 낱말 및 발음 ◎

＊ **指揮者**(시키 샤)：지휘자　＊ **歌手**(카슈)：가수　＊ **演奏者**(엔소
～샤)：연주자　＊ どんな **放送**が(돈나 호～소～가)：어떤 방송이
＊ ○○**時**から **放送**されます(○○지 까라 호～소～사레마스)：～
시부터 방송됩니다.

㉒ 분명히 김군 쪽이 이길거라는 생각이 드네요. 댁은 어
떻게 보세요?
（다시까니 깅꾼노 호~가 가쓰 또 오모이마스요. 오다꾸와?）
㉓ 나도 그렇게 되리라고 생각합니다.
（와다시모 소레데 나루또 오모이마스）

□ 표현 및 발음연구 □

여기에서 밝히고 넘겨야 할 것은 외국어와 외래어를 구분해야
하는데 어떤 방법으로 해야만 손쉬운가를 생각해내는 일이다.
외국어는 외국인이 자기네 말을 그대로 사용하는 것이지만 외
래어란 외국어를 받아들인 국가에서 자기네 실정에 맞게 약간씩
고쳐서 사용하는 경우를 말한다. 물론 이것은 우리에게도 마찬가
지여서 특히 英語의 경우는 상당한 낱말이 국어화(國語化)해서 외
래어라는 느낌마저 없어진 것도 많다.
일본의 경우는 우리와는 달리 자기네들이 편리한대로 부분적인
삭제를 하거나 발음을 변형시킨 것이 많아서 비교적 원어의 발음
에 충실하려는 우리네 입장에서는 어리둥절할 정도이다. 심지어
는 영어에서 사용하지도 않는 단어들을 맞추어 자기들 표현으로
만든 것도 많이 있음을 볼 수 있다. 즉 문법의 측면에서 영어와
는 도무지 맞지 않는 경우라든가 접속사나 어미를 멋대로 생략해
버린 것을 흔히 볼 수 있다. カタカナ로 표기된 그들의 외래어는
대개가 이처럼 자기들 나름의 복합어로 만들어서 사용하고 있다.
예를 들면「텔레비젼(Television)」을「テレビ(데레비)」로, 「オ
ートバイ(오도바이)」의 경우 Motorbike를 대담(?)하게 생략한 것.
「スリッパ(스립빠)」는 Slippers를 변형시킨 것들이 그것이다. 우

리의 경우 이것을 정확히 표기하자면 「슬립퍼즈」라고 적어야 할 것이다.

또한 일본어에서는 표기된 외래어만을 보고는 그 발음이 L쪽인지 R에 해당하는 것인지를 분간할 수가 없으며 다만 영어를 아는 경우라야 그나마 구분해서 알아낼 뿐인 것이다.

가령 Hawaii의 Aloha를 일본어로 표기했을 경우 「アロハ(아로하)」가 되는데 이것만으로는 「르」을 어떻게 구분하는지를 알기가 어려울 것이다.

우리네 주위에서는 아직도 「cake(케잌)」을 "케키"로 발음하는 사람들이 많은데 이것은 일본인들이 사용하는 「ケーキ(케ー키)」를 그대로 잘못 받아들인 것이므로 이런 경우 일본인과 대화할때를 제외하고는 「케잌」으로 발음해야 한다는 것을 잊어선 안된다.

일본어를 조금 안다는 사람들도 일본의 안내책자에 「ツアー(쓰아)」와 같은 외래어가 나와있으면 약간 어리둥절해질 것이다. 사실은 그것이 「관광」을 뜻하는, 즉 관광여행을 줄여서 쓴 것이며 영어의 「tour」를 그렇게 표기한다는 것을 알기란 쉬운일이 아니다. 그런가하면 「ト」이나 「ス」에 모두 「チ」로 외래어를 표기하는 경우도 있는데 우리가 잘 아는 가구용 목재로 유명한 「티이크(teak)」를 「チーク(찌ー꾸)」로, 서양인들의 장기놀음을 말하는 「체스(chess)」를 「チェス」라고 적기도 하므로 영어를 모른다면 구분하기가 어려울 수 밖에 없다. 결국은 뒤에 오는 발음에 따라서 비슷한 영어의 발음을 생각해내는 방법 밖에 없다.

혹시 일본서적에 「チーク・バックスがたくさん 並んでいます. (찌ー꾸 박스가 닥상 나란데이마스)」라는 말이 나온다면 그것은

「티크(teak) 상자(box)가 많이 진열되어 있읍니다.」라는 뜻으로 생각해야 한다. 물론 여기서의 「チーク」는 "티-크"라야 영어에 가까운 발음이 되겠지만 일본어의 발음으로는 「ト(티읕)」에 해당하는 발음이 없기 때문에 「チ」를 사용하고 있는 것이다.

회화를 잠깐 살피고 넘기자면 우선 「라디오(Radio)」와 「텔레비전(Television)」의 특성을 생각해야 한다.

먼저, 두가지가 다 전기로 작동되는 가정용 전기제품임은 마찬가지이나 한쪽은 소리만을, 또 한쪽은 소리와 화면을 동시에 방영하는 특징을 지닌다. 두가지 모두가 스위치를 넣어야만 제 기능을 발휘하는 것도 같은 점이다. 「스윗치를 켜다」를 「スイッチを 入れる(스윗찌오 이레루)」, 「스윗치를 끄다」라는 말은 「スイッチを 切る(스윗찌오 기루)」라고 한다.

우리가 흔히 사용하는 외래어인 「프로그램(program)」을 일본어로 표기한다면 「プログラーム(뿌로구라무)」가 되겠지만 이것만은 외래어를 별로 쓰지않고 「番組(방구미)」라는 말로 「프로그램」을 대신해서 사용하고 있다. 「텔레비전 뉴스」는 「テレビニュース(데레비 뉴-스)」로 줄여서 쓰고, 「채널(channel)」은 「チャンネル(찬네루)」로 표기한다. 「チ」은 ㅊ, ㅉ, ㅈ의 중간 복합음.

방송의 프로그램을 물을 때 「오늘은 ～이 있읍니까?」라고 하는데 이것을 「きょうは どんな～が ありますか.」와 같은 방법으로 「放送(호～소～)」라든가 「中繼(쮸～께이)」등을 삽입해서 말을 만들어 보는 것도 좋을 것이다. 여기서 "쮸～께이"라고 표기했지만 엄격히 따져서 「쮸～께이」도 아니고 「쮸～케이」도 아닌 그 중간쯤의 발음이라는 것은 앞에서 설명한바와 같다.

日本의 競馬

第 三 章

□ 여행에 관한 상식, 기타 여러가지의 현지 日本語会話 □

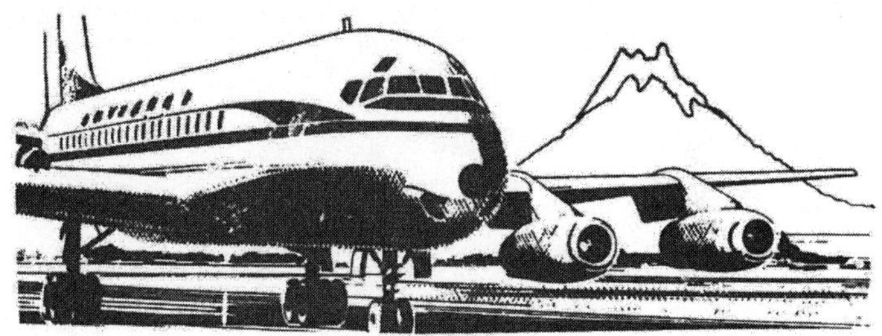

1. 日本観光

옛날과는 달리 요즘의 일본땅은 우리에게 보다 가까이에 있는 느낌을 주고 있으며 이것은 양국간의 빈번한 교류에서 비롯되었다고 생각된다.

이미 알려진 것처럼 일본인들의 상술이란 국제적인(?) 것이라서 서어비스 또한 대단하기 때문에 웬만해서는 여행자가 불쾌감을 느끼거나 별다른 번거로움을 모른다. 다만 인건비의 앙등으로 고급 접객업소에서는 상당한 금액이 서어비스료로 첨가되기 때문에 우리나라의 日食(일본요리)집 정도로 생각하고 아무곳이나 드나들면 생각지도 못한 엄청난 금액이 청구된다는 것만 기억하고 있으면 그만이다.

만약 일본에 관광여행을 떠날 기회가 주어진다면 여행사나 일본항공(JAL)을 찾아가 안내책자나 여행에 관한 팸플릿을 종류별로 구입해서 예비지식을 익혀두는 것이 좋을 것이다.

A. 機内와 하네다空港에서

① たばこの火を 消して 安全ベルトを 締めて下さい。

② 羽田空港に 着陸しますか。

③ ここは 日本領空です。あと5分で ハネダ 空港に
着陸いたします。

④ いま とのくらいの 高さを 飛んでいるのですか。

⑤ 約8000フィートです。飛行機が 完全に とまりま
すまで お座席に おつきになって下さい。

******* ******* *******

⑥ 旅券審査は どこですか。

⑦ 旅券を 見せて下さい。

⑧ この用紙に 記入して下さい。

⑨ けっこうです。あなたの お名前は。

⑩ 日本には はじめてですか。

내용해석 및 발음

① 담배불을 끄시고 안전벨트를 매십시오.

　(다바꼬노 히오 게시메 안젠베루또 오 시메떼 구다사이)

② 하네다 공항에 착륙합니까?

　(하네다 구~꼬 니 차꾸리꾸시마스 까)

③ 여기는 일본 영공입니다. 5분 후에 하네다　공항에
착륙합니다.

　(고꼬와 닙본료~꾸 데스. 아도 고훈데 하네다 구~꼬 니　차
　꾸리꾸 이따시마스)

④ 지금 어느 정도의 높이를 비행하는 것입니까?

　(이마 도노구라이 노 다까사 오 돈데이루노 데스 까)

⑤ 약 8000피트입니다. 비행기가 완전히 멈출 때까지 좌
석에 그대로 게시기 바랍니다.

　(야꾸 핫센 피-트 데스. 히고~끼 가 간젠니 도마리마스　마
　데 오자세끼 니 오쓰끼니낫데 구다사이)

＊＊＊＊＊＊＊　　＊＊＊＊＊＊　＊＊＊＊＊＊＊

⑥ 여권심사는 어디서 합니까?

　(료껜신사와 도꼬데스 까)

⑦ 여권을 보여주십시오.

　(료껭오 미세떼 구다사이)

⑧ 이 용지에 기입해 주십시오.

　(고노 요~시 니 긴유~시떼 구다사이)

⑨ 좋습니다. 댁의 성함은?

　(겍꼬~데스. 아나따노 오나마에와)

⑩ 일본에는 처음이신가요?

　(닙본니와 하지메떼데스 까)

⑪ 田文一です。こんとが はじめてです。

⑫ そうですか。旅行の目的は 何ですか。

⑬ 私は 観光旅行の ために 来ました。

⑭ ここには どのくらい 滞在しますか。

⑮ 2週間くらい 滞在します。

⑯ はい、よろしい。何か 申告するものが ありませ んか。

⑰ 簡単な 私の私用品ばかりです。

⑱ 何も 申告するものは ありません。

⑲ 税関カウンタは どこですか。

⑳ こちらです。ここに 関税申告書が あります。

㉑ これが 私の 荷物です。

㉒ これは 私の 私用品で、それは 友だちへの 贈り 物を 持っています。

⑪ 전문일입니다. 이번이 처음입니다.

 (전문일 데스. 곤또가 하지메떼 데스)

⑫ 그렇습니까. 여행 목적은 무엇입니까?

 (소~데스 까. 료~꼬 노 모꾸데끼 와 난데스 까)

⑬ 저는 관광여행을 하려고 왔읍니다.

 (와다시 와 강꼬~로~꼬 노 다메니 기 마시다)

⑭ 이곳에는 어느정도 체류하십니까?

 (고꼬니와 도노구라이 다이자이시마스 까)

⑮ 2주간 정도 체류합니다.

 (니슈깐 구라이 다이자이시마스)

⑯ 네, 좋습니다. 뭐 신고하실만한 물건은 없으십니까?

 (하이, 요로시이. 나니까 싱고꾸스루모노 가 아리마셍 까)

⑰ 간단한 저의 개인용품 뿐입니다.

 (간딴나 와따시노 시요힌 바카리데스)

⑱ 아무것도 신고할 거라곤 없읍니다.

 (난니모 싱고꾸스루모노와 아리마셍)

⑲ 세관 가운터는 어디입니까?

 (제이깐 카운타 와 도꼬데스 까)

⑳ 이쪽입니다. 여기 관세 신고서가 있읍니다.

 (고찌라데스. 고꼬니 간자이 싱고꾸쇼가 아리마스)

㉑ 이것이 저의 짐입니다.

 (고레가 와따시노 니모쓰 데스)

㉒ 이것은 저의 개인용품이고, 그건 친구들에게 줄 선물
 로 가져온 것입니다.

 (고레와 와따시노 시요~힌 데, 소레와 도모다찌에 노 오꾸리
 모노 오 못떼이마스)

㉓ 結構です。かばんを しめて下さい。

* *

□ 표현 및 발음연구 □

옛날과는 달리 요즘은 선박여행보다 항공편(航空便)을 이용하는 것이 대부분이며 여행일정이 짧은 실정에서는 어쩔 수 없는 사정이라고 봐야한다.

흔히 우리는 大韓航空이니 日本航空이라는 말을 사용하는데 그러다 보면 자칫 공항을 말할 때도 空航으로 잘못 쓰기가 쉽다. 日本語의 경우에도「공항(空港)」을 「くうこう)(구~꼬~)」,「항공(航空)」을「こうくう(고~꾸~)」라고 발음해야 하기 때문에 자칫하면 혼동하기가 쉽다.

「日本航空」은「にっぽん・こうくう(닙본・고~꾸~)」로,「하네다 공항」은「羽田空港=はねた・くうこう(하네다 구~꼬~)」로 읽어야 한다는 것을 머릿 속에 넣어 두어야 한다.

①번의 회화에서「たばこ(다바꼬)」, 즉「담배」라는 말이 ひらがな로 쓰였지만 그보다는「タバコ」처럼 カタカナ로 쓰이는 경우가 많다. 특히 발음에서 주의할 것은 "타바코"도 아니고 "다바꼬"가 정확하다고만 할 수도 없다.

예를 들어 일본의「東京」을 발음 그대로 표기할 때「도오꾜」나「토오쿄」로 표기하지만 어느쪽을 정확한 발음이라고 말하기는 어렵다. 특히 우리나라 사람들은 우리말이 아닌 외국어를 정확히 배웠을 경우에 그 외국어를 모국어로 사용

* * * * * * * * * * * * *

㉓ 좋습니다. 가방을 닫으십시오.
  (겍꼬~데스. 가방 오 시메떼 구다사이)

* *

하는 사람들과 거의 비슷할만큼 유창하게 묘사하지만 그것
을 한글로 표기하는데는 많은 어려움이 있음을 부인할 도
리가 없는 것이다. 특히 일본어의 경우에는 콧소리(비음)
와 비슷한 발음이나 「ㄷ→ㅌ」의 중간음, 「ㄷ→ㄸ」, 또는「ㄱ
→ㅋ」이나 「ㄱ→ㄲ」의 사잇음을 낸다는 것등등, 어려움이 많
지만 조금만 주의해서 구분하면 빠른 시간내에 터득할 수가
있을 것이다.

  흔히 「JAL」로 통하는 「日本航空(닙본 고~꾸~)」를 탑승
하면 우리도 많이 사용하는 「禁煙」이라는 표시등에 불이 켜
지는데 이것을 일본어로 발음한다면 「きんえん(긴엔)」이라
고 해야 한다. 「安全ベルト(안젠베루또)」, 즉 「안전벨트」의
「벨트」는 영어의 「belt」에서 나온 것이다.

  ②번 회화의 「着陸」도 앞에서의 비음과 마찬가지로 "짜
꾸리꾸"와 "차쿠리쿠"의 중간음이라는 것을 기억해 둘 것.
④번의 「高さ」도 이와 마찬가지로 "다까사"와 "다카사"의
중간쯤으로 생각하면 무난하다고 볼 수 있다. ⑬의 「観光
(강꼬~)」와 ⑮번의 「2週間(니슈깐)」에 나오는 콧소리 역
시 약하게나마 "캉꼬~"와 "강꼬~"의 중간음을, "니슈깐"
과 "니슈칸"의 중간음으로 발음한다.

* * * * * * * * * * * * * *

B. 전화(電話)

① もしもし、そちらは 東京ホテルですか。

② もしもし、ロッテー・ホテルですか。

③ はい、そうです。

④ こちらは 韓国から まいりました 金ですが、部屋
は とってありますか。

⑤ 少し お待ち下さい。

⑥ もしもし、こちらは 予約係です。

⑦ はい。こちらは ロッテー・ホテルの 予約係です。

⑧ もう少し ゆっくり 話して下さい。こちらは 韓国
から まいりました 金文一です。いま 空港に 着
きました。

⑨ はい、おとりしてあります。

⑩ どうもありがとう。

＊ 내용해석 및 발음 ＊

① 여보세요, 거기가 도오꾜 호텔입니까?
   (모시모시, 소찌라와 도~꾜 호테루데스 까)

② 여보세요, 롯데 호텔인가요?
   (모시모시, 롯떼 호테루데스 까)

③ 네, 그렇습니다.
   (하이, 소~데스)

④ 저는 한국에서 온 김이라는 사람인데요. 방은 예약되
   었읍니까?
   (고찌라와 강고꾸까라 마이리마시다 김데승아, 헤야와 돗떼
    아리마스 까)

⑤ 잠깐 기다려 주십시오.
   (스꼬시 오맛찌 구다사이)

⑥ 여보세요, 여기는 예약계 입니다.
   (모시모시, 고찌라와 요야꾸 가가리 데스)

⑦ 네, 여기는 롯데호텔 예약계입니다.
   (하이. 고찌라와 롯떼 호테루노 요야꾸 가가리 데스)

⑧ 조금 천천히 말씀하십시오. 저는 한국에서 온 김문일
   입니다. 지금 공항에 도착했읍니다.
   (모~스꼬시 육꾸리 하나시떼 구다사이. 고찌라와 강고꾸까라
    마이리마시다 김문일 데스. 이마 구~꼬~니 쓰끼마시다)

⑨ 네, 예약되어 있읍니다.
   (하이, 오도리시떼 아리마스)

⑩ 감사합니다.
   (도~모 아리가도~)

□ 표현 및 발음연구 □

　일본이라고 해서 우리나라의 사정과 크게 다를바가 없다. 전화의 경우에도 우리나라의 전화가 일반전화를 제외한 공중전화가 3분으로 한정되어 있듯이 일본에서도 이와 마찬가지라고 생각하면 되는 것이다. 우리나라 사람들의 통화시간이 무척 길다는 평균치가 나타난 것은 깊이 생각해볼 문제이므로 외국에 나가는 경우에는 특히 주의할 일이다. 짧은 통화와 문화국민의 척도는 정비례한다고 하지않는가.

중년 이상의 연령층에 해당하는 사람들은 「다마」라는 말을 많이 들었을 것이다. 일본인들은 조그많고 동그란 물건을 「다마(だま)」라고 부르는 경우가 많은데, 바로 전화를 걸 때 사용하는 주화도 「10円だま(쥬~엔 다마)」라고 한다.

업무차 일본에 가는 경우를 제외하면 현지에서 그다지 어려운 대화를 나눌 필요도 없으며 더구나 전화를 사용하는 경우란 그렇게 흔한 일이 아니다. 그들은 지금도 미국식 생활양식이 많이 몸에 젖어있으므로 언제나 전화를 할 때 는 자기의 신분이나 이름을 먼저 말해주는 것이 보다 친근감을 줄 수 있어서 좋다.

C. 호텔에서

① いらっしゃいませ。何か ごようですか。

② 私は 韓国から まいりました 金文一で、旅行代理店を 通して 部屋を 予約しました。

③ はい、そうですか。ここに ありますね。

④ 1人部屋が ありますか。

⑤ よい部屋を 一つ 見せて下さいませんか。

⑥ かしこまりました。お名前を どうぞ。

⑦ どのぐらいご滞在ですか。

⑧ 1週間ぐらいです。

⑨ 2晩泊る つもりです。

⑩ 1日の 部屋代は いくらですか。

⑪ 静かな 部屋が ありますか。

✳ 내용해석 및 발음 ✳

① 어서 오십시오. 무슨 용무이신가요?

　(이랏샤이마세. 나니까 고요우데스 까)

② 한국에서 온 김문일인데요. 여행사를 통해서 방을 예약했읍니다.

　(와다시와 강고꾸까라 마이리마시다 김문일 데, 료꼬~다이리

　멩 오 도오시떼 헤야오 요야꾸시마시다)

③ 네, 그렇습니까. 여기 있군요.

　(하이, 소~데스 까. 고꼬니 아리마스네)

④ 1인용 방이(싱글·룸) 있읍니까?

　(히도리베야가 아리마스 까)

⑤ 좋은 방을 하나 보여주시겠읍니까?

　(요이 헤야오 히도쓰 미세떼 구다사이 마셍까)

⑥ 잘 알겠읍니다. 성함을 좀 말씀해 주시죠.

　(가시꼬마리마시다. 오나마에오 도~조)

⑦ 어느정도 묵으실겁니까?

　(도노구라이 고다이자이 데스까)

⑧ 일주일 정도입니다.

　(잇슈깐 구라이데스)

⑨ 이틀밤을 묵겠읍니다.

　(후다방 도마루 쓰모리데스)

⑩ 하루 방값은 얼마인가요?

　(이찌니찌노 헤야다이와 이꾸라데스 까)

⑪ 조용한 방이 있읍니까?

　(시즈까나 헤야가 아리마스 까)

⑫ 見晴しのよい きいれいな 部屋が いいですが。

⑬ 予約の 通り 3 日間ばかりです。

⑭ 3 階の 左側に あります。ボーイが ごあんないい
たします。

⑮ それは 高過ぎるよ。もっと 安い部屋が ありませ
んか。

⑯ 少し 高いけれとも いまは 静かな部屋が 一つば
かりです。

⑰ その料金は 朝飯と 夕飯込みですか。

⑱ 20,000円は 1 人部屋の 料金です。

⑲ 食事は 別途ですが べつに 高らないです。

⑳ ここに お名前と ご住所、国籍、旅券 番号なとを
お書き下さい。

㉑ これが 鍵です。ドアは 自動的に 鍵が かかりま
す。ベルボーイが 御案内いたします。

⑫ 전망이 좋은 깨끗한 방이 좋겠는데.

　(미하라시노 요이 기이레이나 헤야가 이이데스가)

⑬ 예약한 그대로 3일간만. (3일만 묵겠읍니다)

　(요야꾸노 도오리 산니쩌깐 바까리데스＝산니쩌깐 도마루 바
　　까리데스)

⑭ 3층 왼쪽에 있읍니다. 보이가 안내해 드리겠읍니다.

　(상까이노 히다리니 아리마스. 보－이 가 고 안나이 이다시마스)

⑮ 비싸군요. 좀 더 싼 방은 없읍니까?

　(소레와 다까스기루요. 못또 야스이 헤야가 아리마셍 까)

⑯ 좀 비싸긴 하지만 지금은 조용한 방이 하나 뿐입니다.

　(스꼬시 다까이 게레도모 이마와 시즈까나 헤야가 히도쓰 바
　　까리데스)

⑰ 그 요금은 아침과 저녁식사가 포함됩니까?

　(소노 료～낑와 아사메시또 유～항 꼬미 데스 까)

⑱ 20,000엥은 독방(싱글·룸) 요금입니다.

　(니만엥와 히도리베야노 료～낑 데스)

⑲ 식사는 별도지만 별로 비싸지는 않습니다.

　(쇼꾸지와 벳또데스가 베쓰니 다까라나이 데쓰)

⑳ 여기에 이름과 주소, 국적, 여권번호 등을 기록해 주
　십시오.

　(고꼬니 오나마에또 고쥬～쇼, 고꾸세끼, 료껭 방고 나도오
　　오가끼구다사이)

㉑ 이것이 열쇠입니다. 문은 자동으로 잠깁니다. 벨보이
　가 안내해 드리겠읍니다.

　(고레가 가기데스. 도아와 지도～메끼니 가기가 가까리마스.
　　베루보이가 고안나이 이다시마스)

㉒ この荷物を 私の部屋に 持って来で下さい。

㉓ はい。お荷物は どんなものですか。

㉔ これです。みとり色の 大きな かばんと その そ
ばに ある 白い スポーツかばん ばかりです。

㉕ どうぞ こちらへ。窓を おあけましょうか。

㉖ そのままでが よい。どうも ありがとう。

㉒ 이 짐을 내방으로 가져다 주시오.

(고노 니모쓰 오 와다시노 헤야니 못떼기데 구다사이)

㉓ 네. 짐은 어떤 물건들입니까?

(하이. 오 니모쓰와 돈나모노 데스 까)

㉔ 이거요. 초록색의 커다란 가방하고 그 옆에있는 하얀
스포츠 가방 뿐이오.

(고레데스. 미도리이로노 오~끼나 가방 또 소노 소바니 아루
시로이 스뽀-쓰 가방 바카리데스)

㉕ 이쪽으로 오시지요. 창문을 열까요?

(도~조 고쩨라에. 마도오 오아께마쇼~까)

㉖ 그대로가 좋소. 고맙소.

(소노마마데가 요이. 도~모 아리가도~)

□ 표현 및 발음연구 □

반드시 일류호텔이 아니드라도 외국인의 입장에서 숙박업소를 찾는 경우는 호텔만큼 좋은 곳은 드물다. 특히 일본의 호텔은 우리나라와 비슷해서 생소한 느낌을 주지도 않으며 안내서나 기타 팜플릿은 물론이며 메뉴에 이르기까지 日本語와 英語는 항상 같이 쓰여있기 때문에 두 가지 중에서 하나만 이해할 수 있어도 호텔생활에 별다른 불편은 없을 것이다.

특히 계산서로 우리에게 통하고 있는 일종의 지불명세는 「勘定書(간조~가끼)」라고 하는데, 자신의 생각보다 요금이 많거나 서어비스료, 또는 계산이 틀리는 경우에는 간단히 이것을 사용해서 물어볼 수 있다.

"これは サービス料も 入っていますか" (이건 서어비스 요금도 포함되어 있읍니까? =고레와 사ー비스료모 하잇메이마스까)

"この 勘定に 税金も 入っていますか" (이 계산서에 세금도 포함됩니까? =고노 간조~니 사이낑모 하잇메이마스까)

"勘定書が 違うよ。さあ、これを こらんなさい"

(계산서가 틀려요. 자, 이걸 보세요=간조~가끼가 지가우요. 사아, 고레오 고란나사이)

이와같이 말하려면 먼저 수치에 밝아야함은 물론, 일본어로 숫자에 관련되는 말들을 덧붙여 익혀두는 것이 좋다.

④번 회화의 「1人部屋」는 "이찌닌헤야"가 아니라 「히도리베야」로 읽는 것이 옳다. 즉 영어에서의 「Single room(싱

160

굴·룸)」에 해당하는 말이다.

⑲번에서의 「2 晩泊る」도 "니방~"으로 읽지않고 「후다방 도마루」로 읽는다. 「一つ(히도쓰)」, 「二つ(후다쓰)」를 상기 시키면 이해가 쉬울 것이다.

우리도 집에서 아이들에게 말할 때는 「아침밥을 먹자」, 또 는 「밥이나 먹읍시다」라고 하지만 밖에 나가거나 식당에 갔 을 때, 특히 호텔 따위에서는 「식사(食事」라는 말을 자주 쓰 듯이 일본어의 경우도 이와 마찬가지다. 「별도(別途)」는 "베 쓰또"처럼 읽지않고 「べっと(벳또)」로 발음한다.

⑳번의 회화처럼 숙박업소에 가면 어느곳이든 주소, 성명 을 기입하도록 요청하는데 이것은 꼭 필요한 절차이다. 주소 를 말할 때 앞에 「ご」를 붙인 것은 「お」를 붙일 때처럼 존댓 말로 쓰인 것임. 「お書き下さい(오가끼구다사이)」에서 보인 경우와 같다.

㉑번의 「鍵(가기)」, 즉「열쇠」는 발음이 「かぎ」가 되므로 "강이"와 비슷하게 소리내야 한다. 「ベルボーイ(베루보ー이)」 는 영어의 「bell-boy(벨·보이)」에서 따온 것으로 우리가 흔 히 쓰는 「당번」을 뜻한다.

D. 길을 물을 때

① ここは どこですか。

② 失礼ですが、一番近いに ある 旅行代理店は どこ でしょうか。

③ ここは どこでしょう。

④ 見当がつきません。

⑤ すみませんが 東京劇場は どこでしょうか。

⑥ あまり 遠くは ありません。

⑦ あの 新しい 建物が 見えますか。

⑧ ちょっと おたずねしますが ロッテー•ホテルへい く、一番 近い道を 教えてくださいませんか。

⑨ この 近いに 郵便局が ありますか。

⑩ すぐ近くです。歩いて 5分しか かかりません。

＊ 내용해석 및 발음 ＊

① 여기가 어딥니까?
   (고꼬와 도꼬데스 까)

② 실례합니다만 제일 가까이에 있는 여행대리점은 어딘
   지요?
   (시쯔레이데승아, 이찌방 지까이니 아루 료꼬～다이리뗑와 도
   꼬데쇼～까)

③ 여기는 어딘가요?
   (고꼬와 도꼬데쇼～)

④ 모르겠군요.
   (겐또가 쓰끼마셍)

⑤ 실례입니다만 도오꾜 극장은 어딥니까?
   (스미마셍가 도～꾜게끼조와 도꼬데쇼～까)

⑥ 그다지 멀지는 않습니다.
   (아마리 도오꾸와 아리마셍)

⑦ 저기 새로지은 건물이 보입니까?
   (아노 아다라시이 다데모노 가 미에마스 까)

⑧ 좀 묻겠는데요. 롯데호텔로 가는 제일 가까운 길을 가
   르쳐주시겠읍니까?
   (좃또 오다즈네시마승아 롯데호테루에 이꾸 이찌방 지까이미
   찌오 오시에떼 구다사이마셍까)

⑨ 이 근처에 우체국이 있읍니까?
   (고노 지까이니 유빙교꾸가 아리마스 까)

⑩ 바로 근처예요. 걸어서 5분밖에 안걸립니다.
   (승우 지까꾸데스. 아루이떼 고훈시까 가까리마셍)

⑪ 銀座までは どのぐらい かかりますか。

⑫ バスに 乗ったら 15分ぐらい かかります。

⑬ まあ、わかりませんね。

⑭ 向こうから おまわりさんが 来ますから 聞いてみ
ましょう。

⑮ そこは かなり とおいです。タクシーで 30分ぐら
い かかるでしょう。

⑯ 地図を ごらん下さい。

⑰ 韓国大使館は ここから 遠いですか。

⑱ まっすぐ 行って 地下鉄に お乗りなさい。

⑲ かなり 遠いです。バスを 乗ったほうが もう い
いでしょう。

⑳ あの 赤れんかの 建物です。

㉑ あまり 遠くはありませんから 歩いて行けます。

⑪ 긴자까지는 어느정도나 걸릴까요?

(긴자마데와 도노구라이 가까리마스 까)

⑫ 버스를 타면 15분정도 걸립니다.

(버스니 놋따라 쥬~고훈 구라이 가까리마스)

⑬ 글쎄, 모르겠군요.

(마아, 와까리마셍네)

⑭ 저쪽에 경찰관이 오면 물어봅시다.

(무꼬~까라 오마와리상가 기마스까라 기이떼미마쇼~)

⑮ 거기는 꽤 멉니다. 택시로 30분 정도 걸리겠죠.

(소꼬와 가나리 도오이데스. 다꾸시~데 산쥬~뿡 구라이 가

까루데쇼~)

⑯ 지도를 보십시오.

(지즈오 고란 구다사이)

⑰ 한국대사관은 여기서 멉니까?

(강고꾸다이시깡와 고꼬까라 도오이데스 까)

⑱ 똑바로 가셔서 지하철을 타십시오.

(맛승우 잇떼 지까떼쓰니 오노리나사이)

⑲ 꽤 멉니다. 버스를 타는 편이 더 좋을 것입니다.

(가나리 도오이데스. 바스오 놋다호~가 모~ 이이데쇼)

⑳ 저 빨간 벽돌건물입니다.

(아노 아까렝까노 다떼모노데스)

㉑ 그다지 멀지는 않으니까 걸어서 갈 수 있읍니다.

(아마리 도~꾸와 아리마셍까라 아루이떼 이께마스)

㉒ 右に 曲がって まっすぐ行くと 新しい 白い建物
が あります。

㉓ ごめんください。日光ホテルへ 行く 道を 教えて
下さい。

㉔ ここは 13番地ですから この 道を まっすぐ いらっ
しゃって 2番目の かどで とまると 右に 白いタ
イルのビルティングが 見えます。

㉕ バスの 停留所は この近くでしょうか。

㉖ 韓国の 方ですね。では、私に ついていらっしゃい。

㉗ 道を 教えて下さって ありがとうございます。

㉘ どういたしまして。

㉙ もう 親切な方ですね。

㉒ 오른쪽으로 돌아서 똑바로 가면 새로지은 흰 건물이
있읍니다.
　(밍이니 마갓떼 맛승우 이꾸또 아다라시이 시로이 다데모노
　　가 아리마스)
㉓ 실례합니다. 닉꼬호텔로 가는 길을 가르쳐 주십시오.
　(고멘구다사이. 닉꼬호테루에 이꾸미찌오 오시에떼 구다사이)
㉔ 여긴 13번지니까 이 길을 똑바로 가셔서 두번째 모
퉁이에 서면 오른쪽에 흰색 타일의 빌딩이 보입니다.
　(고꼬와 쥬～삼반지데스까라 고노 미찌오 맛승우 이랏샷데 니
　　밤메노 가도데 도마루또 밍이니 시로이 다이루노 비루딩구
　　가 미에마스)
㉕ 버스 정류장은 이 근처인가요?
　(바스노 데이류～조 와 고노 지까꾸데쇼～까)
㉖ 한국인이시군요. 그럼, 저를 따라오십시오.
　(강고꾸노 가따데스네. 데와, 와다시니 쓰이데이랏샤이)
㉗ 길을 가르쳐 주셔서 정말 감사합니다.
　(미찌오 오시에데 구다샷떼 아리가도～고자이마스)
㉘ 원 별말씀을. (천만에요)
　(도～이따시마시떼)
㉙ 정말 친절한 분이시군요.
　(모～신세쓰나 가따데스네)

□ 표현 및 발음연구 □

　외국에 나가면 상대방이 여행자에게 묻는 경우 보다는 이쪽에서 상대방에게 물어봐야 할 일들이 얼마든지 많이 있다. 그중에도 특히 길을 묻는 일은 가장 흔하면서도 중요한 사실이라고 말할 수 있다.

　상황에 따라서 묻는 내용도 다를 것이며 말이 길어지기도 하고 짧아지기도 할 것이다. 간단히 「여기가 어딘가요?」에서부터 「～에는 어떻게 가야합니까?」등, 묻기도 어렵거니와 상대방이 가르쳐 주는 말을 이해하는 것도 재빠르게 활용되어야 한다.

　우리가 길을 물을 때 「실례합니다만～」, 「죄송하지만 ～」으로 시작하는 것처럼 이것에 해당하는 말들이 ① 번과 ⑤ 번의 「失礼ですが～(시쯔레이데숭아)」, 「すみませんが～(스미마셍가)」따위라고 할 수 있다.

만약「〜에 가는 제일 가까운 길은 어디로 가면 좋습니까?」라고 묻는다면 "上野公園へ いく、一番 近く道は どちらが いいですか゚(우에노 고〜엥에 이꾸 이찌방 지까꾸미찌와 도찌라가 이이데스 까)와 같이 물을 수 있다.

「〜에서 〜까지 얼마나 걸립니까?」라고 한다면 거리에 의한 시간을 뜻하는 말이 될 것이다.

＊ 東京から 羽田空港までは どのぐらいかかりましょうか。

(도오꾜에서 하네다공항까지는 어느정도나 걸릴까요? ＝도오꾜까라 하네다 구〜꼬〜마데와 도노구라이 가까리마쇼〜까)

＊ ここから 新宿までは タクシーで 何分ぐらい かかりましょうか。

(여기서 신쥬꾸까지는 택시로 몇분이나 걸릴까요?＝고꼬까라 신쥬꾸마데와 다꾸시〜데 난뿡구라이 가까리마쇼〜까)

그러나 대개는 이러한 질문 보다는「어디를 가려면 〜을 타고 어떻게 가느냐?」라든가,「〜에 가는 길을 가르쳐주십시오」와 같은 물음이 대부분일 것이다. 그러나 찾는 장소가 바로 길건너에 있거나 눈에 보이는 곳이라면 쉽겠지만 모르는 입장에서는 약간 복잡한 것같은 길이라면 그것을 귀담아 듣기란 힘들지도 모른다.「여기가 〜이니까 이 길을 따라서 곧장 〜로 가서 오른쪽(혹은 왼쪽으로)의 커브를 돌아가라」는 등(㉔번 참조)의 회화를 말을 바꿔 가면서 연습해 볼 필요가 있을 것이다.

E. 시내 관광(市内観光)

① 東京は 世界中でも いちばん 美しい 首都の 一つ ですね。

② では先ず、東京タワーを 見に 行きましょう。

③ 上野公園は どうですか。

④ これが 東京タワーです。頂上に登れば、市内の全景が 見られますよ。

⑤ ああ、高いタワーですね。

⑥ 向こうに 見えるのが 博物館で その うしろに 記念館の 建物が あります。

⑦ さあ、つぎは まず とこへ 行きますか。

⑧ 上野公園へ 行くと どうですか。

⑨ この次には どこへ 行きましょうか。

＊ 내용해석 및 발음 ＊

① 도오꾜는 세계에서도 가장 아름다운 도시의 하나로
군요.
(도꾜～와 세까이쥬～데모 이찌방 우쓰꾸시이 슈도노 히도쓰
데 스네)

② 그럼 먼저 도오꾜 타워를 보러 가시지요.
(데와 마즈 도～꾜·타워－오 미니 이끼마쇼～)

③ 우에노 공원은 어떻습니까?
(우에노 고～엥와 도～데스까)

④ 이것이 도오꾜·타워입니다. 꼭대기에 오르면 시내
의 전경이 보이지요.
(고레가 도～꾜·타워 데스. 죠～조～니 노보레바 시나이 노
젠께이가 미라레마스요)

⑤ 아, 높은 탑이로군요.
(아아, 다까이 타워 데스네)

⑥ 저쪽에 보이는 것이 박물관이고 그 뒤에 기념관 건
물이 있읍니다.
(무꾜～니 미에루노가 하꾸부쓰깐 데 소노 우시로니 기넹깐노
다데모노가 아리마스)

⑦ 자, 다음은 먼저 어디로 갑니까?
(사아, 쓩이와 마즈 도꾜에 이끼마스까)

⑧ 우에노 공원에 가면 어떻습니까?
(우에노 고～엥에 이꾸또 도～데스까)

⑨ 이 다음에는 어디로 갈까요?
(고노 쓩이니와 도꾜에 이끼마쇼～까)

⑩ 浅草が いいかしら。どちらもよろしい。

⑪ いま あさくさへ 行きましょう。

⑫ そちらは 何で有名ですか。

⑬ この町は 東京中でも いろいろで 有名な はんか
がいうと 所とは 違う。

⑭ もちろん こちらも 東京でしょう。

⑮ ここでは 1週間では 無理ですと 思いますよ。

⑯ そうですね。すみだかわも みたいんですが、何を
乗って行くが いいでしょうか。ここから 遠いで
すか。

⑩ 아사꾸사가 좋을지 모르겠군. 아무데고 좋습니다.

(아사꾸사가 이이까시라. 도찌라모 요로시이)

⑪ 지금 아사꾸사에 갑시다.

(이마 아사꾸사에 이끼마쇼~)

⑫ 그쪽은 무엇으로 유명한가요?

(소찌라와 난데 유~메이 데스까)

⑬ 이 거리는 도오꾜에서도 여러가지로 이름난 번화가
라는 곳과는 다릅니다.

(고노마찌와 도~꾜 쥬~데모 이로이로데 유메이나 항까가이
우또 도꾜로또와 지가우)

⑭ 물론 이쪽도 도오꾜이겠죠.

(모찌롱 고찌라모 도~꾜 데쇼~)

⑮ 여기서는 일주일간으로는 무리라고 생각이 됩니다.

(고꼬데와 잇슈깐데와 무리데스또 오모이 마스요)

⑯ 그렇군요. 스미다강도 보고싶습니다만 무얼 타고 가
는 것이 좋을까요? 여기서 먼가요?

(소~데스네. 스미다 가와모 미다인데승아 나니오 놋메이꾸
가 이이데쇼~까. 고꼬까라 도오이 데스까)

□ 표현 및 발음연구 □

시내관광의 경우라면 가까운 거리를 제외하고는 여행사 같은 관광업소의 버스를 이용하는 것이 좋다. 더구나 일행이 함께 다니지 않는 곳이라면 여러가지로 불편할 것이기 때문이다. 특히 쇼핑을 위해서 시내에 나가는 것이라면 예정을 가능하면 뒤로 미루는 것이 좋을 것이다.

짧은 시간에 익힌 회화로 많은 애기를 주고받을 수는 없다. 다만 최소한의 의사표시나 간단한 용어라도 구사해서 소기의 목적을 달성하는 것이 무엇보다 중요하다고 봐야한다. 간단한 요령은 앞페이지의 길을 묻는 내용처럼 여러가지로 연결해서 활용하는 방법을 터득하면 좋다.

떠나기에 앞서 국내에서 익혀두었던 중요한 관광명소를 기억에 떠올려 차례대로 먼저 살피는 것이 손쉬운 방법이다.

②번 회화에 "タワー"라는 외래어가 나왔으나 이것은 우리나라의 사찰에 있는 크고 작은 탑의 경우를 말할 때는 쓰지않으며 「남산·타워」의 경우처럼 특수한 탑을 말한다. 만약 「워싱턴 기념탑」따위를 표기한다면 「ワシントン記念塔(와싱똔·기넴또~)」가 된다.

생소한 곳에 도착해서 혼자서라도 시내를 구경하고 싶다면 「여행안내소(旅行案내所=료꼬 안나이조)」를 십분 활용하는 것이 가장 손쉬울 것이다. 더구나 각종 안내책자는 회화에 불편을 느끼는 사람에게도 상당한 이해력을 주기 때문이다. 더구나 자세한 현장의 사진들은 직접 물어보지 않아도 여러가지를 알 수 있을만큼 잘 나타내주고 있다.

⑮번 회화의 「無理」가·우리네 발음과 같다는 것은 재미 있는 일이다.

◎ 기초는 이렇게 마무리하자 ◎

일본어회화도 역시 외국어이기 때문에 일상생활에 활용하는 특별한 직업을 갖기전에는 일부러 많은 시간을 할애해서 습득해야하는 어려움이 있다. 그러나 지금은 다른 모든것을 차치하고라도 실리적인 면에서만 보더라도 하나의 외국어로서 배워야할 충분한 의미를 지닌다. 대개는 외국어를 최소한 한 두가지쯤 배워본 경험이 있을 것이다. 그러나 우리가 외국에서 살고있지 않는 한, 보다 절실한 상황에 접하지않고서는 그 필요성을 쉽게 느끼지 못할 것이며 막상 필요에 의해서 이것을 배운다고 해도 그들과 함께 생활하는 여건이 아니기 때문에 책을 읽을 때 뿐이며 놓고 돌아서면 까맣게 잊어버리기가 일쑤였던 경험이 있을 것이다.

우리는 책을 통해서 보다 많은 간접체험을 가질 수 있는데, 책을 읽는 사람에 따라서, 또는 학습의 방법이나 교재의 선택에도 실질적인 효과면에서 많은 차이를 뒤늦게 실감하게 되는 것이다.

외국어를 배우는 입장이라고 해서 외국인이 아닌 주위사람들을 상대로 외국어를 함부로 사용할 수는 없겠지만 최소한 자기가 계획하는 학습기간만이라도 주위의 상황이나 자신의 행동 또는 생각하는바를 외국어로 바꿔보는 연습도 외국어 학습에 많은 도움을 줄 것으로 믿는다.

어느정도의 기초실력을 쌓은 사람들에게 필요한 것은 日本語에 섞어 쓰고 있는 漢字를 어떻게 읽느냐가 급선무인데 이것은 많은 사람들의 고민이며 시원한 해답도 없다. 다만 한가지 방법은 지금까지 자신이 다뤄본 漢字나 일본어에서 다뤄진 漢字들이 놓이는 순서나 말의 연결에 따라 음이 달라지는 원칙을 구분해서 살피는 일이다.

일단 회화를 배워서 활용하는 것이 학습의 목적이라면 교재의 선택에서부터 단순한 대화보다는 다각적인 활용을 목적으로 엮어진 교재를 골라야 할 것이다. 즉 이 책은 같은 상황에서도 몇가지로 구분해서 활용할 수 있도록 엮어져 있으므로 조금만 주의깊게 관찰하면 그것을 쉽게 발견할 수 있을 것으로 믿는다. 즉, 까다로운 문법을 강요하지 않은 것도 이러한 목적에서 비롯된 것이며 다각적인 활용도를 터득하는 순간부터 일본어회화에 약간의 자신감과 가능성을 스스로 느낄 수 있으리라는 배려인 것이다.

앞에서도 약간 언급한바 있거니와 현재의 실정으로는 만족할만한 내용을 담은 사전이나 漢字를 외우기에 알맞는 책자가 드물기도 하지만 설사 있다고 하더라도 단어만을 따로 떼어서 외운다는 것은 무척이나 힘든 일이며 학습효과도 더디기 때문에 언제나 회화의 문장에 삽입해서 효과있는 암기를 돕는 것이 가장 빠른 방법이라고 볼 수 있을 것이다. 모든 수치의 기본단위인「1」을 말할 때도「하나」, 또는 「일」로 경우에 따라서 구분하듯 日語에서도『一』하나를「ひとつ」, 「イチ」또는「イツ」등으로 읽기 때문에 다른 것과 혼용해서 외우는 것이 좋다.

일본어를 전문적으로 공부한 경험이 없다면 짧은 시간의 학습만으로는 일어로 편지를 쓴다거나 외래어를 カタカナ로 표기하는 것이 그렇게 쉽지는않다. 그러나 처음으로 일본어를 배우려는 사람의 입장이라면 막연히 カタカナ나 ひらが な를 달필이 될때까지 연습하는 것은 지루하기도 할 뿐더러 학습의 효과도 더딜것이므로 가능하면 우리말이나 영어를 발음대로라도 일본어의 カタカナ로 옮겨보고 자신이 생기면 ひらがな로도 옮겨 써보는 것이 좋다.

처음에는 약간 싱거운 생각이 들기도 하고 싫증을 느낄 수도 있으나 일본어의 발음을 터득하는 데에는 이것 이상으로 좋은 방법이 드물다는 것을 쉽게 느끼리라 믿는다.「서울」이 왜「ソウル(소우루)」로 표기되는지의 실질적인 의미도 여기에서 깨달을 수 있다.(일어에는 "서"발음이 없다.)

다른 학문도 그렇지만 결코 조급한 생각은 금물이다. 쉬운 것부터 차례로 익혀야만 도중에 포기하는 일도 생기지 않을 것이며 계속 흥미를 갖게된다. 혹자는 처음부터 어려운 회화를 머리에 담느라 고생하는 것을 볼 수 있는데 전혀 기초가 없는 상태에서는 무의미한 시간낭비를 가져올 수도 있다는 것을 명심해야 한다.

□ 내용의 복습 및 검토

이 책의 내용 전체를 확인하지 못한 사람은 대화마다 발음이 삽입된 것을 보고 너무 쉽거나 활용도가 낮은 것으로 판단하기가 쉬울 것이다. 그러나 내용을 자세히 읽어보면 비교적 광범위한 활용성에 중점을 두었다는 것을 실감할 것이다.

비록 일본어가 우리말과 어순이 비슷하기는 하지만 현지에서 생활하지 않는 한 역시 외국어 나름의 어려움이 있는 것이다. 더구나 학습 방법이 지루하고 무의미한 내용이거나 활용의 범위가 좁다면 쓸데없는 시간의 낭비를 초래할 수도 있다는 것이다.

 특히 앞에서도 지적한 것처럼 한글로는 발음을 표기하는 것이 무리일 수도 있는 특이한 일어의 발음들은 표기된 발음에 의존하지 말고 연결되는 앞뒤의 단어에따라 알맞게 구사하는 것이 무리가 없을 것이다.

 가령, 「田中」를 「다나까」로 읽느냐, 아니면 「타나카」로 발음하는 것이 좋으냐, 하는 경우가 그것이다. 결국 이것을 알기 쉽게 말한다면 "다"와 "타"의 중간음과 "카"와 "까"의 중간음을 한글로는 표기할 수가 없기 때문이다.

 다음으로는 일본어를 알아듣는 일과 일본어로 바꾸어 말하는 일이 중요하다. 일단 회화를 배우려고 시작한 이상 일본어의 내용을 이해하는 것만으로는 별로 쓸모가 없다. 그래서 직접 듣고 말하는 연습을 어떤 방법으로 진행하느냐가 중요한 일이다. 즉, 이것을 돕기 위해서 복습과 검토를 겸할 수 있는 내용을 다루었으므로 가능하면 답을 먼저 보지말고 문제를 기억해내는 연습을 계속하기 바란다.

◎ 연습 1-1 ◎

A. 일본어로 바꾸어 말하기

① 이것을 몇 개 살까요?

② 당신은 지금 무엇을 사셨읍니까?

③ 영어책을 샀읍니다.

④ 연필은 몇 자루 가지고 계십니까?

⑤ 그 책은 얼마입니까?

⑥ 그 역은 몇 번째 입니까?

⑦ 200엔과 400엔으로 600엔이 됩니다.

B. 일본어 읽기

① 机の 上に 婦人雑誌が あります。

② いすの えばには 何が ありますか。

③ これを いくつ 買いましたか。

④ 鉛筆は 何本 買いましょうか。

⑤ その本は 何の色ですか。

⑥ その駅は 遠いですか。

⑦ この ボールペンは 六百円です。

C. 〔참고 용어〕

*いくつ=몇 개. 買います=삽니다. 買いましょうか=살까요?

*何にを 買いましたか=무엇을 사셨읍니까? 英語の本を=영어책을. いくら=얼마. (값을 물을 때) 何本お持っていますか=몇자루 가지고 계십니까?

A. 일본어로 바꾸어 말하기

① 당신은 매일 아침 몇시에 일어납니까?
② 시계를 갖고 계십니까?
③ 몇시에 아침을 먹습니까?
④ 내 시계는 5분쯤 늦습니다.
⑤ 7시에 아침식사를 했으면 합니다만.
⑥ 나는 아무때라도 좋으니 시간을 말씀해 주십시오..
⑦ 서울역에서 청량리까지 지하철로 얼마나 걸립니까?

B. 일본어 읽기

① 今日は 何時に おきましたか。
② 金君を 連れて 6時まで お待って下さい。
③ その食堂で 何時に 席から 立ちましたか。
④ ソウルから 釜山までは 何時間くらい かかりますか。
⑤ バスでは どのくらい かかりますか。

⑥ 今日の 約束時間は 午後 何時ですか。
⑦ 土曜日の朝 6時に 電話してください。

C. 〔참고 용어〕

✻ 毎朝 何時に＝매일 아침 몇시에. 時計(도께이)＝시계. 朝食, 朝飯(조쇼꾸, 아사항)＝아침식사, 조반.
✻ 何時でも よろしい＝아무때라도 좋다. 話して下さい＝말씀해 주십시오. 教そて下さい＝가르쳐 주십시오.
✻ ソウルから マーサンまで＝서울에서 마산까지.

A. 일본어로 바꾸어 말하기

① 오늘은 무슨 요일입니까?
② 어제는 며칠이었읍니까?
③ 날씨가 좋아지고 있읍니다.
④ 기분이 좋은 날이군요.
⑤ 오늘이 월요일이니까 내일은 화요일이겠지요.
⑥ 다음 일요일에 부산까지 가야겠는데.
⑦ 수요일 오전 도오꾜행 비행기의 좌석을 예약할 수있읍니까?

B 일본어 읽기

① 次の木曜日に 仁川まで 行きたいのですが, 時間が ありますか。
② 私の 予約した 座席を 教えて下さい。

③ 今週の 水曜日に ソウル行きの 航空便が ありますか。

④ 来週には 雪が 降るでしょうか。

⑤ 昨年は どのくらい 寒いでしたか。

⑥ きのうは 寒いですから きょうも 寒いでしょう。
空を 見て下さい。

⑦ あしたの 天気予報を 聞きましたか。

C. 〔참고 용어〕

＊きょうは＝오늘은. きのうは＝어제는. あしたは＝내일은.
何曜日ですか＝무슨 요일입니까? 何日＝며칠.

＊天気(뎅끼)＝날씨. よい天気＝좋은 날씨. 悪い天気＝나쁜
날씨.

＊座席を 予約できますか(자세끼오 요야꾸 데끼마스까) ＝좌
석을 예약할 수 있읍니까? 「～まで 行きたいのですが」＝「～
까지 가려는데요.」

＊水曜日に(스이요비니)＝수요일에.

＊航空便(고～꾸～빈)＝항공편

＊雪が 降るでしょうか(유끼가 후루데쇼～까)＝눈이 내릴까
요? 雨が 降るでしょう. (아메가 후루데쇼～)＝비가 오겠지
요. ※ 雪が～와 "雨が～" 따위의「が」는 "가"로 표기했지만
「가」를 콧소리로 발음할 때와 같이 "아"에 가깝다.

＊昨年(사꾸넨)＝지난해, 작년. 寒いでしたか(사무이데시다
까)＝추웠읍니까?

暑いでした(아쓰이데시다)＝더웠읍니다.

◎ 연습 2-2 ◎

A. 일본어로 바꾸어 말하기

① 오늘 아침은 어떤 요리입니까?

② 식당은 몇시에 문을 열었읍니까?

③ 무엇을 드시겠읍니까?

④ 메뉴를 보여 주십시오.

⑤ 생선튀김은 어떤 것이 있읍니까?

B. 일본어 읽기

① これは 何の 料理ですか.

② このテーブルは 予約済みですか。

③ 水を 持って来て下さいませんか。

④ 魚の すきやきと ご飯を下さい.

⑤ どの料理が いいかしら。

C. 〔참고 용어〕

＊朝飯(아사메시)＝아침. 조반.

＊開きます(히라끼마스)＝엽니다. 何時に 開きますか.＝몇시에 문을 엽니까? ※ 뒤의 "～ますか"를 "～ましたか."로 바꿔주면 何時に 開きましたか. (몇시에 열었읍니까)가 된다.

＊～を 見せて下さい＝「～을 보여 주십시오」. 勘定書を 見せて下さい(간죠～가끼오 미세메 구다사이)＝계산서를 보여 주십시오.

＊どの 料理が(도노료～리 가)＝어떤 요리가.

＊水を コップ1杯(미즈오 곱뿌 입빠이)＝물을 한컵.

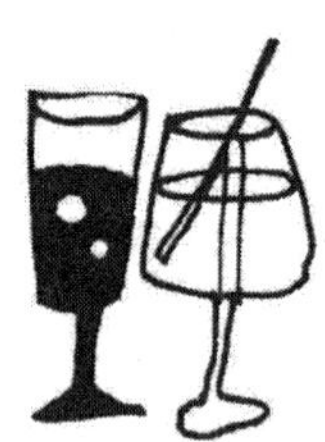

A. 일본어로 바꾸어 말하기

① 함께 점심을 먹으러 갈까요?

② 지금은 점심시간입니다.

③ 저기 큰 식당이 보입니다.

④ 여기서는 정식밖에 안됩니까?

⑤ 창문 가까이에 자리가 있읍니까?

B. 일본어 읽기

① 窓の近くの座席が ありますか。

② どの 食堂が いいかしら。

③ ここから そのレストランまでは 遠いですか。

④ ここでは 定食しか できませんですか。

⑤ 一階が 混雑したったら 二階に いきましょう。

C. 〔참고 용어〕

＊一緒に(잇쇼니)＝함께. 一緒に 行きましょうか。＝함께 가실까요?

＊いまは(이마와)＝지금은. 窓の近くに＝창문 가까이에. いま, 座席が ありますか.＝지금 자리가 있읍니까?

A. 일본어로 바꾸어 말하기

① 몇시에 저녁을 드시겠읍니까?

② 어느 식당으로 저녁을 먹으러 갈까요?

③ 그 식당은 혼잡하지 않습니까? 다른 식당을 말씀해 주십시오.

④ 3사람이 앉을 자리가 있읍니까?
⑤ 네, 어서 이쪽으로 오십시오.

B. 일본어 읽기

① 特別料理が ありますか。

② メニューを 持って来て下さい。

③ 洋食が いいかしら。

④ 注文したものを 早くして下さい。

⑤ サービス料が はいっていますか。

C. 〔참고 용어〕

＊夕飯=저녁 식사. 그러나 단순히 「식사」라고 할 때는 「食事(쇼꾸지)」.

＊話して下さい(하나시떼 구다사이)=말씀해 주십시오.

＊夕食(유～쇼꾸)=저녁. 앞에 나온 「夕飯(유～한)」과 같은 의미로 쓰임.

＊注文したものを(쥬～몬 시다모노오)=주문한 것을.

＊早くして下さい(하야꾸시떼 구다사이)=빨리해 주십시오; 서둘러 주십시오.

＊はいっていますか(하잇떼이마스까)=들어있읍니까?；포함되어 있읍니까?

A. 일본어로 바꾸어 말하기

① 여기가 어디입니까?
② 이 버스는 어디로 갑니까?

③ 여기서 터미날까지는 얼마나 시간이 걸리겠읍니까?
④ 버스로 서울역에 가려는데 어떤 버스를 타야 합니까?
⑤ 서울의 시내버스 요금은 얼마를 받습니까?

B. 일본어 읽기

① このバスは どこ行きですか。

② 乗車賃は いますぐ お払い下さい。

③ 距離によって 違いますか。

④ どこで 乗り換えしたの。

⑤ ソウルの バス料金は 1回乗りに 60ウォンです。

C. 〔참고 용어〕

＊どこですか(도꼬데스까)＝어디입니까? ローヤル・ホテルは どこに ありますか.＝로얄・호텔은 어디에 있읍니까?どこ行 きですか(도꼬유끼데스까)＝어디행입니까?

＊AからBまでは＝A에서 B까지는.

＊何時間(난시깐)＝몇시간. どのくらいかかりましょうか＝ 얼마나 (어느정도) 걸릴까요?

＊バスに のって＝버스를 타고. バスに乗って そこで 乗りか えします(바스니 놋메 소꼬데 노리까에시마스)＝버스를 타고 거기서 갈아탑니다.

＊1回乗りに(익까이노리니)＝한 번 타는데 ; 1회 승차에. 乗 り物(노리모노)＝타는 것 (교통수단).

A. 일본어로 바꾸어 말하기

① 신세계 백화점 까지 갑시다.

② 택시로는 얼마나 걸릴까요?

③ 이 시간에는 언제나 거리가 혼잡해서 시간이 많이 걸립니다.

④ 장충공원까지는 여기서 멉니까?

⑤ 택시 요금은 지역제인가요, 미터제인가요?

B. 일본어 읽기

① どうぞ お乗り下さい。

② 金浦空港へ お願いします.

③ 向こうに タクシーの 持ち合い所が あります。

④ ここには 始めてですか。

⑤ 基本料金は 300ウォンでございます。

C. 〔참고 용어〕

＊百貨店(햐까뗸)＝백화점. テパート라고도 한다.

＊タクシ(다꾸시)＝택시. タクシに 乗ったら(다꾸시니 놋따라)＝택시를 타면.

＊〜までは ここから 遠いですか.(〜마데와 고꼬까라 도오이데스까)＝〜까지는 여기서 멉니까.

＊お乗り下さい(오노리구다사이)＝타십시오. 乗ると＝타면. 乗る時(노루도끼)＝탈때.

＊待ち合い所(마찌 아이조〜)＝대기소.タクシーの 待ち合い所＝택시대기소.

＊基本料金(기혼료～낑)＝기본요금. 基本料金は いくらです
か. ＝기본요금은 얼마입니까?

A. 일본어로 바꾸어 말하기
① 지하철을 자주 이용하십니까?
② 여기서 종로 5 가까지 지하철로 얼마나 걸립니까?
③ 지하철을 타면 그대로 수원이나 인천까지 갈 수 있읍니다.
④ 지하철의 기본요금은 얼마인가요?
⑤ 전철로 인천까지 가려면 어디서 갈아타야 합니까?

B. 일본어 읽기

① 地下鉄に 乗った時には 注意しなければならない
よ.

② 仁川行きの地下鉄は どこで乗れますか。

③ 鍾閣駅は いくつめですか。

④ ソウル駅に 降りますか。次で降りて下さい。こち
らです。

⑤ 次の駅で 乗り換えで下さい。

C. 〔참고 용어〕
＊ 地下鉄(지까데쓰)＝지하철. 電車(덴샤)＝전차. 地下鉄に
お乗りなさい(지까데쓰니 오노리나사이)＝지하철을 타십시오.
＊降りる(오리루)＝내리다. ～には どこで 降りるのでしょうか。
(도꼬데 오리루노데쇼～까)＝～은 어디서 내리는 겁니까?

＊乗る(노루)＝타다. ××行きの地下鉄は どこで乗れます か
(～유끼노 지까데쓰와 도꼬데 노레마스까)＝～행　지하철은
어디서 탑니까?
＊途中で どのくらい 止りますか。＝도중에 어느정도　정차합
니까?

A.　일본어로 바꾸어 말하기

① 어서 오십시오. 무엇을 드릴까요?
② 가죽으로 만든 장갑이 있읍니까?
③ 이것은 어떨까요, 값은 좀 비싸지만 좋은 물건입니다.
④ 색깔이 좋군요. 얼마입니까?
⑤ 이것은 3300원이고, 저것은 6000원입니다. 몇개나 드릴까
　요?

B.　일본어 읽기

① くつしたを 一足 見せて下さい。

② 少し みじかいですね。あれがよいと　思うんです
　が。

③ これで ございます。

④ まあ、高いですね。もう 安い物がいいでしょう。

⑤ そうですか。では, これは どうですか。

C.　〔참고 용어〕

＊手袋(데부꾸로)＝장갑.　くつした(구쓰시다)＝양말.

＊かわの作る物(가와노 쓰꾸루모노) ＝가죽으로 만든 것.
＊色(이로) ＝색, 색깔. 種々(이로이로) ＝여러 가지, 각종.
＊一足(잇소꾸) ＝한 켤레. 一枚(이찌마이) ＝한 개.
＊高い(다까이) ＝비싸다. 安い(야스이) ＝싸다. もう 安いも
のは ありませんか(모～야스이모노와 아리마셍까) ＝더 싼 것
은 없읍니까?
＊これで もらいましょう(고레데 모라이마쇼～) ＝이걸로 하
지요. 이걸 주시오.

A. 일본어로 바꾸어 말하기

① 무엇을 드릴까요?

② 저기 있는 하늘색 T 셔츠를 보여 주십시오.

③ 이것은 최근에 유행되는 디자인입니다. 색깔이 어떻습니
   까?

④ 이것과 저것을 비교해 보십시오. 이것은 옷감이 다릅니다.

⑤ 잘 알겠읍니다. 이것은 어떻습니까? 실크로 만들었읍니
   다.

B. 일본어 읽기

① これは 最近の パーリモードです。

② この生地を くらべでごらんなさい。

③ 高いけれとも 高級品です。

④ かしこまりました。この色は どうですか。

⑤ これを ごらん下さい。お値段も たいへん得です。

C. 〔참고 용어〕

＊見る(미루)＝보다. 見えます＝보입니다. 何を お見せいた
しましょうか(나니오 오미세 이따시마쇼～까)＝무엇을 보여
드릴까요？

＊空色(소라이로)＝하늘색. 青色(아오이로)＝청색. 푸른색 T
셔츠＝青色のT シャツ.

＊～を 見て下さい(～오 미떼 구다사이)＝～을 보십시오.

＊最近の(사이껜노)＝최근의.

＊生地(기지)＝천, 옷감. 洋服の生地(요～후꾸노 기지)＝양
복의 천.

A. 일본어로 바꾸어 말하기

① 인천행 차표를 주십시오.

② 내일 아침 부산행 급행열차의 침대권을 부탁합니다.

③ 공교롭게도 침대권이 한 장도 없읍니다. 오후에 출발하는
급행은 어떻습니까？

④ 보통급행은 몇시에 출발합니까？

⑤ 급행열차는 일주일 전에도 예약할 수가 있읍니다. 요금은
6000원입니다.

B. 일본어 읽기

① あすの朝，釜山行きの 急行切符を 2 枚下さい。何
時に 出発しますか。

② 急行列車は 何時間くらい かかりますか。到着時間
は？

③ 6〜7時間くらいです。午後5時ごろ着きます。

④ 午後1時の切符を2枚下さい。料金はいくらです
か。

⑤ お宅は どちらまで 行かれますか。

C. 〔참고 용어〕

＊切符(깁뿌)＝차표.

＊あいにくですが＝공교롭게도. あいにくですが 寝台券は1
枚も ございません(아이니꾸데승아 신따아껭와 이찌마이모
고자이마셍)＝공교롭게도 침대권은 한 장도 없읍니다.

＊急行列車(규꼬렛샤)＝급행 열차.

＊予約ができます. (요야꾸가 데끼마스)＝예약이 됩니다.

＊あすの朝(아스노 아사)＝내일 아침. あすの午後(아스노 공
오)＝내일 오후.

A. 일본어로 바꾸어 말하기

① 짐을 내 자리에 옮겨 주시오.

② 이 열차는 어디서 정차합니까?

③ 실례합니다만 이 자리는 예약되었읍니까?

④ 차장, 다음 역은 어딥니까? 시간은 얼마나 걸릴까요?

⑤ 부산에서 타셨읍니까? 곧 도착합니다.

B. 일본어 읽기

① これは 大邱行きの列車ですか。

② この列車には どこに 食堂車が ありますか。もう
1時です。

③ ここは どの駅ですか。どのくらい 止りましょう
か。

④ 私は 観光旅行中です。お宅は？

⑤ 私は 日本語が 少ししか分からないよ。

けれとも 英語の会話を ならいました。

C. 〔참고 용어〕

＊にもつ(니모쓰)＝짐, 화물.

＊私の席まで(와따시노 세끼마데)＝내 자리에 까지. これを
私の席に 運んで下さい(고레오 와따시노세끼니 하꼰데구다
사이)＝이것을 내 자리에 옮겨 주시오. あの列車まで 運んで
下さい＝저 열차까지 운반해 주십시오.

＊食堂車(쇼꾸도～샤)＝식당차. どこに 食堂車が ありますか
＝식당차가 어디에 있읍니까？

A. 일본어로 바꾸어 말하기

① 한국에는 처음입니다. 관광여행차 왔읍니다.

② 관광여행의 예정은 몇주간이나 되십니까？

③ 이번 여행은 서울과 제주를 구경할 시간밖에 없읍니다.

④ 서울에는 명승지가 많고 제주도는 경치가 아름답습니다.

⑤ 자, 어디부터 구경하시겠읍니까？

B. 일본어 읽기

① ソウルは きいれいな都市ですね。

② ここには 始めてです。2週間くらいかかりでしょう。

③ 日本語を 話す 案内人も 1人 召介しで下さい。

④ 一番近くにある 博物館を 見たいんですが, どこかよいかしら。

⑤ あの 高いな 建物を 見で下さい。

C. 〔참고 용어〕

＊観光旅行のために(강꼬~료~꼬노 다메니)=관광여행차,관광여행을 하려고.

＊予定(요메이)=예정. 旅行の予定は 何日間くらいですか(료~꼬노 요메이와 난니찌깐 구라이데스까)=여행 예정은 며칠간이나 되십니까?

＊市内見物(시나이 겜뿌쓰)=시내 구경. 市内見物をしたいんですが=시내 구경을 하고 싶습니다만.

A. 일본어로 바꾸어 말하기

① 선물을 좀 구경할까 하는데요.

② 좋은 물건들이 많이 있읍니다.

③ 일본어를 아십니까? 정말 반갑습니다.

④ 감사합니다. 조금 배웠읍니다.

⑤ 선물로는 이것이 좋습니다. 옛날 인형인데 참 예쁩니다.

B. 일본어 읽기

① 色々の おみやげが ありますか。

② あの 人形は 何んですか。

③ それは 高いね。あれは いくらですか。

④ もう 安いのは どんなものですか。

⑤ けれとも これは 珍貴な物件です。

C. 〔참고 용어〕

＊おみやげ(오미야게)＝선물.

＊ならう(나라우)＝배우다. ならいました(나라이마시다)＝배웠읍니다. 学校で ならいました(각꼬～데 나라이마시다)＝학교에서 배웠읍니다.

＊人形(닝교～)＝인형. きいれいな人形＝예쁜 인형.

＊珍貴な(징끼나)＝진귀한. 珍貴な物件(징끼나북껜)＝진귀한 물건.

A. 일본어로 바꾸어 말하기

① 영화구경을 좋아하십니까?

② 저와 함께 영화를 보러 가실까요?

③ 서울극장에서는 어떤 영화를 상영하고 있읍니까?

④ 서부활극을 좋아하십니까? 지금 K극장에서는 보난자를
상영하고 있읍니다.

⑤ 저는 기록영화나 음악영화를 무척 좋아합니다. 좋은 프로
가 있읍니까?

B. 일본어 읽기

① この近くに よい映画館は ありますか。

② 日曜の午後に 映画を 一緒に見に いらっしゃいま
せんか。

③ 東京劇場では 何の映画を やっていますか。

④ ソウル劇場では 音楽映画を 上演中です。

⑤ そうですか。その作品は たいへん 面白かった と
聞きました。

C. 〔참고 용어〕

＊映画(에이가)＝영화. 映画館(에이가깐)＝영화관. 音楽映画
(옹가꾸에이가)＝음악영화.

＊大好きです(다이스끼데스)＝좋아합니다. 記録映画が 大好
きです(기로꾸에이가 가 다이스끼데스)＝기록영화가 참 좋습
니다. 기록영화를 대단히 좋아합니다.

＊予告篇(요꼬꾸헨)＝예고편. 作品(사꾸힌)＝작품.
＊面白い(오모시로이)＝재미있는. 面白かったと＝재미있다고.

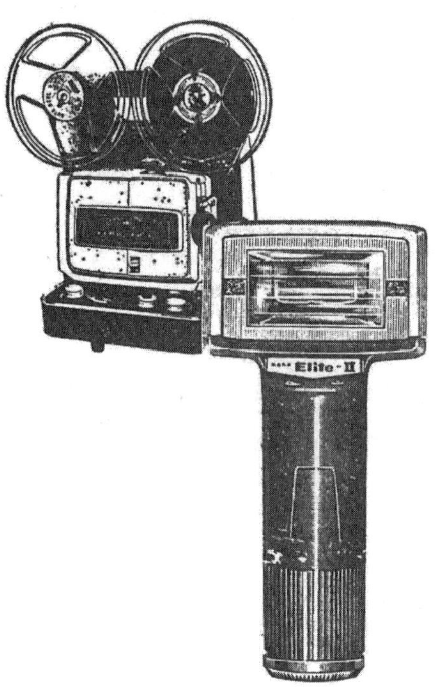

A. 일본어로 바꾸어 말하기

① 일기예보를 들으셨읍니까?

② 라디오를 켤까요?

③ 텔레비젼을 봅시다. 오늘밤 재미있는 쇼가 있어요.

④ 오늘 저녁 6시부터 프로복싱 타이틀 경기의 중계가 있읍
니다.

⑤ 뮤지컬 · 쇼우가 오늘밤 7시부터 방송됩니다.

B. 일본어 읽기

① 天気予報は どうですか。

② テレビを 見たい。今，何時ですか。

③ ABC－TVでは 今何をやっていますか。

④ ラシオでは 7時から 重大な 放送があります。

⑤ ラシオを かけましょうか。どの 放送ですか。早く
教そて下さい。

C. 〔참고 용어〕

＊天気予報(덴끼요호～)＝일기예보. よい天気＝좋은 날씨.

＊ラシオ(라지오)＝라디오. カラーテレビ(카라테레비)＝칼라
텔레비젼. テレビ放送(테레비호～소～)＝텔레비젼 방송.

＊ミュージカル・ショー＝뮤지컬・쇼우.

＊重大な(쥬～다이나)＝중대한. 重大なニュース＝중대한 뉴

◎ 연습 3-3 ◎

A. 일본어로 바꾸어 말하기

① 담배불을 꺼 주십시오.

② 조금 후에는 하네다 공항에 도착합니다. 담배불을 끄시고 벨트를 착용해 주시기 바랍니다.

③ 지금 어느 정도의 높이로 비행하고 있읍니까?

④ 비행기가 완전히 착륙해서 멈출 때까지 자리에 앉아 계시기 바랍니다.

⑤ 예방접종 증명서를 보여 주십시오.

B. 일본어 읽기

① 間もなく，羽田空港に 着きますね。

② 皆様にご注意申し上げます。5分ほどで空港に 着陸いたします。おたばこはご遠慮下さい。

③ 税関は どこですか。

④ 私は 観光旅行のために 来きました。

⑤ 日本には どのくらいご滞在になりますか。

C. 〔참고 용어〕

＊たばこ(다바꼬)＝담배. ※ たばこ를 발음할 때는 "타바코"와 비슷한 느낌으로 할 것. たばこの火を 消して (다바꼬노 히오 게시떼)＝담배불을 끄시고.

＊安全ベルト(안젠베루또)＝안전 벨트. 安全ベルトを締めて下さい。＝안전 벨트를 매십시오.

＊間もなく(마모나꾸)＝벌써.

＊皆様に(미나사마니)＝여러분께. 皆様にご注意申し上げます(미나사마니 고쥬이모시 아게마스)＝여러분께 주의말씀 드리겠읍니다.

＊観光旅行(강꼬～료～꼬)＝관광여행. 観光旅行のために＝관광여행을 위해서. 관광여행을 하려고.

＊どのくらいご滞在になりますか。(도노구라이 고다이레 이니나리마스까)＝어느정도나 체재하십니까?

著編譯者：李　　木　　元
發 行 者：南　　　溶
發 行 所：一 信 書 籍 出 版 社

121-110 마포구 신수동 177-3
등록：1969. 9. 12. No.10-70
전화：영업부 703-3001~6
　　　편집부 703-3007~8